仕事がつまらない君へ

〔改訂版〕

小林英二

C&R研究所

はじめに

「仕事をするのがバカバカしくなってきた」

「貴重な人生を、こんなつまらない仕事に費やしていいんだろうか？」

そんなことを感じているから、あなたはこの本を手に取られたのかもしれません。そんなあなたを見て、「仕事に就けているだけでありがたいと思え！」なんて言う人もいるかもしれません。職を失い、生活にも困っている人たちからみれば、確かに贅沢な悩みかもしれません。

しかし私は、そんなあなたに、あえて「おめでとう」とお祝いのメッセージを差し上げます。真剣に悩んでいるあなたに、ふざけて言っているのではありません。大事な岐路に到達されたことに対して、「おめでとう」と言いたいのです。


会社や仕事が自分に合うかどうかなんて、実際に仕事をしてみないとわからないもの。そこで出会う人と共に働いてみないとわかるはずがない。頭でっかちな人と違い、あなたは仕事をしてみたからこそ、行動したからこそ、「今の仕事がバカバカしい」とわかってきたのです。その一歩前進されたことに、「おめでとう」と言いたいのです。こんな厳しい時代だからこそ、「今の仕事に疑問を持ち、見直すことで、改めて次の一歩を考えること」が大事だと思うのです。

自分の仕事に疑問を持つことは、恥ずかしいことでも何でもありません。世の中、自分の仕事や今置かれている立場に一度も疑問を持たないで、上から命令されることに盲目的に従い、機械的にこなしていく人の方が多いのです。

そして彼らは、「仕事がつまらなくなった」「仕事に希望が持てなくなった」と薄々感じていても、その現実をあえて見ようとしません。その現実から目をそらし、「生活していくには、お金が必要さ。とりあえず仕事をしていかなくちゃ」とごまかしながら、後戻りのできない年齢になるまで年を重ねていくのです。

「仕事がつまらなくなった」「仕事に希望が持てなくなった」という現実をそれをいち早く直視し、何とかしたい！ともがいているあなたは、とても幸福なのです。

「裸の王様」という童話があります。覚えているでしょうか？　裸の王様を見た国民たちは、裸である王様を見てはいるのですが、誰もそれを指摘しません。指摘して、「世間の常識がわからないヤツ」とか「馬鹿者」と思われるのが怖いから現実を正面から見ようとしないのです。仕事に何も疑問を感じずに過ごしている多くの人たちは、この国民たちとダブります。

あなたは王様の姿を素直に、「王様は裸だ」と告げた子供と同じです。ひとつの現実に気付いたのです。「今の仕事はつまらないもの」であるという現実に。この現実を認識できた時点で、あなたはひとつの岐路に立つことになりました。

人生を大きく左右する、決断のタイミングはいくつかあります。高校や大学の進路を決める、就職先を決める、結婚相手を決めるなどが代表的なものです。その中で、見落とされがちなのが、「仕事がイヤになったときに」どうするかという決断です。

多くの人は、「仕事がつまらなくなったときにどのようにするのか?」という決断をちっぽけな決断と見てしまいがちです。しかし、実は就職先の決定や結婚と同じかそれ以上に、大事な決断になるのです。ダイヤのように幸せなビジネスライフを送る人と、会社から使い捨てカイロのようにポイ捨てされるような、つらいビジネスライフを過ごす人の分岐点は、この機会を「仕事を真剣に考える転機にしたか？」逆に「何となく仕方がないこととあきらめて見過ごしてきたか？」という点なのです。

岐路は、大きく２つの道に分かれています。

- 「仕事はつまらない」と感じながら、我慢しながら定年まで頑張るということ
- つまらない仕事なんてまっぴらごめんだと現状を変えること

どちらを選ぶかは、あなた次第です。

あなたには、「仕事はつまらないものとあきらめ、我慢し続けながら頑張ること」も、「我慢することを拒否して、現状を変えること」もできるのです。この本を読めば、あなたの進路を決める際のヒントがきっといくつも見つかると思います。

この本は、仕事がイヤになった若いビジネスマンのために書いています。仕事がつまらなくなる経験って、誰でも一度や二度はあります。私もそうでした。

大事なのは、仕事がつまらなくなったとき、仕事についてしっかり考えることです。うろたえたり、焦ったりしてはダメ。冷静に物事が考えられなくなります。

今のままでいいのだろうか？　何がマズイのだろうか？　今後、どうしていこうか？　それらを冷静に考えて、「つまらないまま」で終わらせないための決断をし、行動をすることです。現状の自分の気持ちを受け入れ、正面から見つめ直すことです。

今こそ今後の「自分の仕事に対するスタンス」を確立していくチャンスです。問題から目をそらさず、直視することが解決のスタートライン。スタートラインに立ったら、あとは走りきるだけ！

きっと、あなたの問題は解決します。

2019年12月　小林英二

CONTENTS

第1章 なぜ、仕事ってつまらないいんだろう？

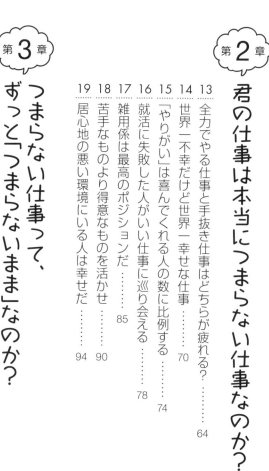

第2章 君の仕事は本当につまらない仕事なのか？

第3章 つまらない仕事って、ずっと「つまらないまま」なのか？

第4章 人生を変える精神的自立のススメ

第5章 会社を辞める前にこれだけは知っておこう

第1章

なぜ、仕事って つまらないんだろう？

SECTION 01

仕事がつまらない人は人生が長い

私達は、芸能人やスポーツ選手の活躍をみて「あんなに成功して、スゴイな！」「あんな風になりたいな」と感じます。しかし、私達が見ているのは、「彼らの人生の一瞬を捉えた写真」です。

以前はあれほど成功していたのにという有名人が逮捕されたというニュースも年に1度くらい見かけます。その瞬間を捉えた「写真」を見てしまうと、ほとんどの人は彼らを「成功者」とは思わないでしょう。

「人生が幸福だったか？」は、「瞬間の写真」で決まるわけではありません。死ぬ間際に自分の人生を振り返って、「一生を撮影した映画」を見て初めて判断できることです。映画を見終わったとき、「アッという間の人生だった。人生、長いようで、ホント短かった」と感じることができる人生が、幸せな人生ではないでしょうか？　充実した人生とは、どれだけ無我夢中の時間を過ごしてきたかということにあるのではないでしょうか？

「人生、アッという間だったな」と充実した表情で振り返る人。

「人生長かったなぁ」と溜息交じりに振り返る人。

今の状態で仕事を続けていったとき、あなたは、どちらの人になると思いますか？

1日は、どんな人にとっても1日ではあります。物理的には24時間、どんな人にも平等です。しかし、体感時間では、1日が40時間にも思えるほど退屈な1日もあれば、1日が12時間くらいにし

充実した人生を送っている人は、時間の経過が早く感じる。逆に溜息交じりでイヤイヤ働いている人は、時間を長く感じる。

か感じられないほどに楽しく、充実した1日もあります。

どんな人も、睡眠している時間を除けば、3分の2以上の人生を仕事に費やします。「仕事がつまらない」と感じながら仕事を続けていけば、人生の3分の2以上がつまらない人生になってしまいます。

大半の時間を「早く終わらないかなぁ」と感じながら、仕事が終わった後のビールだけを楽しみに生きていくことになります。死ぬときに、「俺の人生やっと終わってくれた。長かった」と感じる人生になります。

この本を手にとっているあなたは
「仕事がつまらないという現実を変えたい！　今のままではいけない！」と気付いたのです。これは早ければ早いほど良い、素晴らしい気付きです。年をとって、このことに気付いても、時間は元には戻りません。後悔先に立たずです。

ぜひ、「仕事がつまらない！」と感じた気付きを大事にしてください。この気付きを、「お金のために、つまらないことを我慢して続けていくのが仕事だ！」とあきらめないでほしい。これからの人生を「いい仕事をしている」、「楽しい仕事をしている」と感じながら、アッという間に時が過ぎていく人生に変えていってください。

ポイント

充実した人生を送っている人は、時間の経過が早く感じる。その体感スピードは、充実した仕事から生まれる！

SECTION 02

成功者でさえ仕事がつまらないときがある

今でこそ、こんな本を偉そうに書いていますが、私も、大学を卒業してコンサルティング会社に入社した数年間は、仕事がイヤでイヤでたまりませんでした。私は、特に「コンサルティング」がやりたいと思ってこの仕事に就いたワケではありませんでしたし、月５００時間を超えるハードワークを強制され、イヤミな上司からは日々小言を言われ、あまり得意でなかった飛び込み訪問や電話営業をさせられ、「ホントに仕事はつまらない。もう辞めよう」と何度思ったかわかりません。

成功者に話を聞くと、「仕事にやりがいを持ってやってます」と言われます。でも、成功者って、生まれたときから、立派な人だったんでしょうか？　彼らは、一見、とても優秀で、最初から明確な信念を持っていた強い人たちのように見えます。しかし、彼らだって若いときから、今のように強かったワケではありません。

皆さんと同じように、彼らにも人間関係でイヤな思いをする時期や、人の倍も努力しても成果が上がらない時期があり、「仕事がつまらなく感じていた時期」があるのです。どんな人でもカベにぶち当たったり、うまくいかなかったりする時期があります。

そんなとき、どんなに前向きな人だって一度や二度、「仕事がつまらない」と感じるのです。ただ、気付いた後の態度が、凡人と、ビジネスで成功した人は違うのです。彼らは、「仕事がつまらない」と感じた瞬間を「変わる契機」にしていったのです。

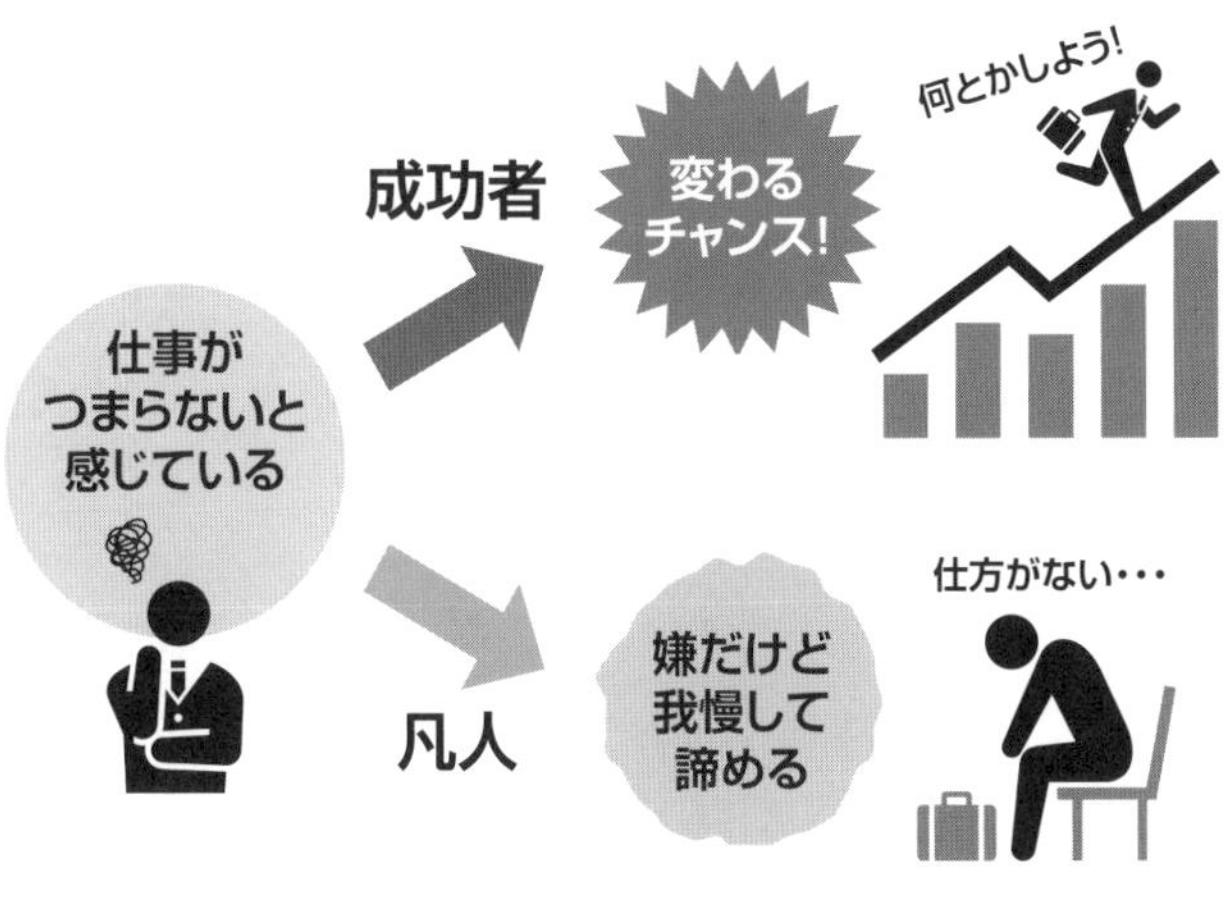
仕事が
つまらないと
感じている
成功者
変わる
チャンス!
何とかしよう!
凡人
嫌だけど
我慢して
諦める
仕方がない・・・

成功者たちは「今の仕事がつまらない」と感じたら、その現状を「仕方がないさ」と妥協することなく、「自分で何とかしよう！」と考えたのです。「仕事がつまらないと感じるキツイ時期」を、飛躍のチャンスに変えたのです。

どんなに偉い人でも、現状に満足しているときには、何かを改善しようという意欲など湧き上がりません。現状に不満を感じているときだからこそ、大きなエネルギーが湧き起こるのです。今までの自分では考えることができないほど、大きなチャレンジ、努力ができるようになるのです。

ポイント

「仕事がつまらない」と感じている今こそ、人生を大きく変える転換点。これは、あなたに訪れた大きなチャンス！

SECTION
03

仕事がつまらなくなったときの3つの選択肢

仕事がつまらなくなった理由は、人それぞれでしょう。

たとえば……

- 上司がイヤなヤツで耐えられない
- 仕事にやりがいを感じられない。誇りを持てない
- 仕事が退屈で仕方がない
- 自分が成長できている実感が持てない。成長が見込めない
- この会社で働いていても、将来に希望が持てない。危ないと思う
- 上司も同僚もバカばかり。一緒に働くと自分もバカになりそう
- 自分に合っている仕事、自分の個性を活かす仕事ではなさそうだ

等々、理由はいろいろあるかもしれませんが、仕事がつまらなくなったときにできることは、大きく分けて3つしかありません。

第1の選択肢は、「仕事はつまらないものと感じている現状」を諦めて受け入れる。財閥のような資産家の家に生まれてきたら別でしょうが、普通の人は、生きていくには働かなければいけません。「仕事」は、生きていくために避けることができないものです。イヤでも働かなければいけません。日本においては、労働は国民の義務になります。

お金のため、生きるためにはイヤなことを我慢しなければならないとあきらめて、働く時間を我慢して過ごすという生き方です。そして、人生の楽しみや生きがいは、オフに見つけていく。

この選択を行えば、人生のうち3分の

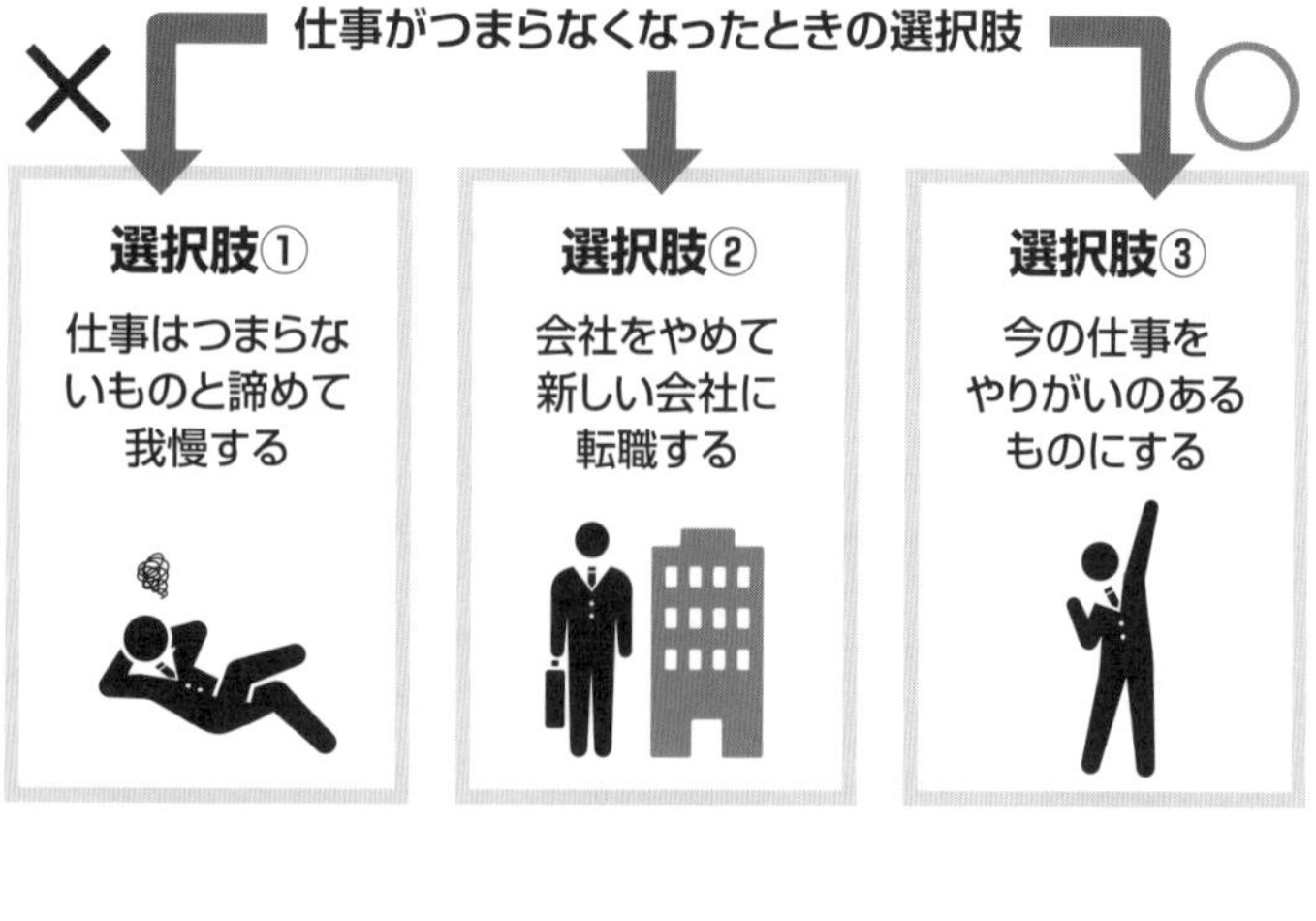
仕事がつまらなくなったときの選択肢
選択肢①
仕事はつまらないものと諦めて我慢する
選択肢②
会社をやめて新しい会社に転職する
選択肢③
今の仕事をやりがいのあるものにする

2以上を占める仕事の時間は、苦痛や退屈に満ちたものになるでしょう。しかし、あなたがこの選択をしたからといって特別、悲劇というワケではありません。日本人の大半は、生きていくための義務として、「仕事がつまらなくても、我慢してやり続けること」を選択しているのですから。

私は、この選択はお勧めしません。お勧めしないどころか、この選択だけは、絶対に避けてほしいのです。「仕事がつまらない」、「仕事がアホらしい」と気付くことは素晴らしいことです。しかし、気付いたにもかかわらず、「アホらしい」と感じている現状に我慢し続けるのは、最もアホらしいこと。

せっかく「仕事がつまらない」と気付いたのなら、それを変えていく行動をしていきましょう。あなたなら、きっとできるはずです!

「それを変える行動」とは、これから紹介する2つ目と3つ目の選択肢です。

第2の選択肢は、「転職」です。くだらないと思っている現在の仕事にケリをつけて、新しい会社に就職したり、自分でビジネスを起業することです。現状をまったく変えることになりますから、勇気のいる話です。今より、さらに仕事がつまらなくなる可能性もあります。そのリスクは覚悟する必要があります。

第3の選択肢は、「今の仕事をもっとやりがいのあるモノにしていく努力」を、精一杯行うこと。もちろん、どんなに努力をしたって「つまらない仕事」のままの場合もあります。

しかし、「つまらない仕事」も、やり方次第で、「やりがいのあるモノ」「楽しくなるモノ」に変わっていくことも多いのが現実。まず、その努力を精一杯してみて、それでもダメだとわかってから最終手段として「転職」を考えても遅くはないと思います。

ポイント

つまらないとボヤキながら、死んだように生きる人生を選んではならない。イキイキと可能性にチャレンジする人生を選択しよう！

SECTION 04

イヤイヤ仕事をしても生き残れない

黒澤明の「生きる」という映画があります。主人公は、地方公務員。主人公も含め、全員が「給料がそこそこで、安定しているから」という理由だけで、形式的な仕事を、決まり切ったようにこなしているだけで過ごしています。決められた書類に印鑑を押し、イヤな客が来たら他の部署にたらい回しにし、定時になったらすぐに帰る人ばかりの職場です。主人公も、そんな退屈な男です。

そんな男が余命数カ月のガンと診断されます。余命数カ月との宣告を受けた瞬間から、考えることになる。

「俺は何かやりたいことをやったのか？」、「家族のために、イヤなことをずっと我慢し続けただけで、人生を終えるのか？」

主人公は、死ぬ間際で、今まで自分が死んでいるように生きてきたことに気付くのです。そして、余命数カ月で「何かできることはないか？」を必死に探し、生きてきた証を作ろうとするという映画です。

この主人公のように、つまらないと思いながら仕事を続けている人が世の中、大勢います。会社に所属しているが、楽しくイキイキと働ける仕事を見つけることができずに、イヤイヤ働いている人たちのことを、経済評論家の邸永漢氏は「潜在的失業者」と述べています。

潜在的失業者として「つまらないなぁ」と生きるのでは、あなたの貴重な「人生の時間」が、ただ流れていくだけです。世の大半の人たちは、仕事を「生きていくための義務」として考えているだけ。「仕事＝やらねばならぬこと」と考えているのです。つまらない「やらねばならぬこと」を毎日繰り返したところで、充実した、楽しい人生になるでしょうか？

今は人手不足の時代ですが、これからの10年〜30年後は、ＡＩやロボット、外国人が私達から仕事を奪っていく厳しい時代に突入していきます。イヤイヤ仕事をしている潜在的失業者として生きることは、ホントの失業者に近付いていることを意味します。

イヤイヤ我慢しながら働くことでは、成果などしれています。大した仕事なんかできるハズもありません。そんな人は、最優先の首切り候補になってしまいます。「潜在的失業者」のまま、ダラダラと暮らしていけるほど、甘い時代ではなくなっていくのです。

あなたは、「潜在的失業者」で終わる人ではないのです。とても才能豊かで、最も価値ある人材の一人です。「仕事がつまらない」と気付いたワケですし、この本を読んで、今の状況を何とか脱出したいと願っている「意志のある人」です。

もっと自分の能力に自信を持ちましょう。あなたは才覚にあふれているのです。もっと自分を好きになり、「自分がとっても可愛い」

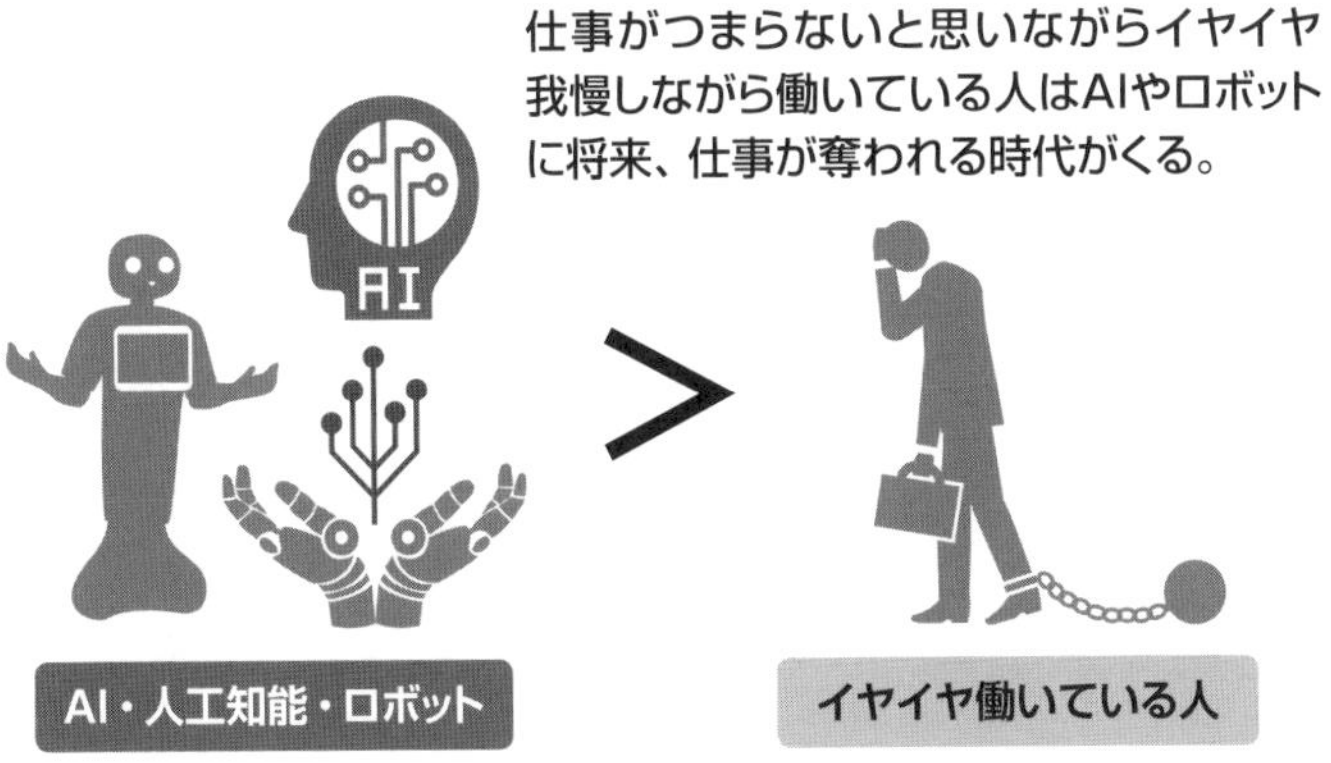

仕事がつまらないと思いながらイヤイヤ我慢しながら働いている人はAIやロボットに将来、仕事が奪われる時代がくる。

と、世界で一番の自分のファンになりましょう。もっと自分を大事にしましょう。大事にするだけの、価値ある存在なのです。自分を大事にすれば、「こんなに価値ある私が、つまらない仕事を我慢して、一生終わるような人間ではない」という気持ちになるハズです。

ポイント

自分を信じろ！　人生は変えられる！

SECTION 05

一生懸命に働いたって出世なんかできない

「世の中平等。実力が評価される社会」

小学校の道徳では、子供にこのように教えます。しかし、残念ながら、現実の世界は違います。

私は、高校入試のとき、直前の模擬試験で合格率90％以上の高校に不合格でした。当時、苦手だった天文が試験に出ており、まったく解けませんでした。

逆に、大学入試のとき、直前の模擬試験で合格率30％以下の大学に合格しました。苦手だった英語の問題が、事前に勉強していた所ばかりが出題されたのです。

高校や大学の入学試験。これは、平等に実力を図るための制度といわれますが、それはタテマエ。私の結果のように、学校の入学試験も実力以上に「どんな問題が出題されるか?」という運の方が大きく結果を左右しているのです。理不尽なものです。

もちろん、圧倒的に実力があるなら別です。東京大学に入学できるだけの実力のある人が、偏差値40の大学に落ちたりはしないでしょう。しかし、他人と20％くらいの実力差ならば、運が大きく影響してくるのです。

これはビジネスの世界でも同じこと。たとえば、営業マンの世界。営業の世界は、実力が評価に直結する世界だといわれています。しかし、そんな営業の世界でも、実力が正しく評価されているかというと、現実は、そうでもない場合が多いのです。たとえば、次のような理由で高い評価を得ていることもあるでしょう。

- 会社から与えられた顧客が優良顧客なので、いつも売上目標を達成できている
- 偶然、クライアント企業が急成長。そこの担当だったために、実績も大幅アップ
- 上司から気に入られているので、何かと上司の支援をしてもらうことで売上をカバーできている

一方、毎日数十件、一生懸命、新規の飛び込み開拓に汗をかき、顧客からの

暴言にも耐え、必死に訪問を続けていても業績が上がらなくて苦しんでいる、能力は高いのに実績を出せない営業マンもいます。

このように、ビジネスの世界は多くの理不尽さであふれています。もちろん、ほとんどの会社は、そのような理不尽なことや、不平等・不公平をなくそうと努力しています。しかし現実には、なかなかなくなりません。だから、運が悪くて損をする人、運がよくて得をする人が出てくるのです。

この現実は、程度の差はあっても、どの会社でも存在します。「実力だけでなく、『偶然や運』が、評価や成功を左右してしまう場合が多いのが、ビジネスの世界だ」と受け入れなければ前に進めません。理不尽さや自分がツイていないことを愚痴っていても、前には進めないのです。

私は、「ビジネスの世界は、運が評価を大きく左右する理不尽なものだから、実力なんて関係ない」と言っているのではありません。逆です。その理不尽さに愚痴ったり、それで自暴自棄になっても損をするだけで、あなたにはまったく得がない。自分の運のなさや、会社や上司の不公平な評価に怒りに震え、怒鳴ってみても、何か解決するワケではありません。

今、あなたがやるべきことは、理不尽なことに怒って、愚痴るのではなく、目の前の仕事に全力を注ぐこと。

「いつか、自分にも運が巡ってくる！　そのときまでにしっかり準備をしておこう！」と覚悟をすることです。

成功するには、確かに実力だけではなく、運も必要です。しかし、運を掴むにも、実力が要ります。すぐに運がやってくる人もいますし、自暴自棄になっていたときに「運」がやってきて、それを逃す人もいます。「運」は願ってもやってきません。私たちが影響を及ぼすことができない所で決まっています。

私たちにできることは、「運」が来たときに備えて、腐らず準備をしておくことだけなのです。準備ができている人だけが、目の前にチャンスが転がってきたときに、それを掴むことができるのです。

このような姿勢で仕事をしていると、きっと誰かが見てくれている。そして、理不尽さに直面しても腐らずに、真摯に仕事をしているあなたの姿を見た人は、信頼を寄せてくれるようになります。それがあなたに、次の「運」を運んでくれるようになるのです。

しかし、「運なんてものに左右されたくない」と思う人もいると思います。そんな人へのアドバイス。運に左右されたくなければ、圧倒的な実力を磨くこと。圧倒的な実力は、運が入り込む余地を小さくするからです。逆に、圧倒的な実力を持っていないのならば、「運がない」ことを愚痴らず、「次の運が巡ってくること」を信じて準備を怠らないことです。そうすれば、チャンスの女神は、必ず微笑んでくれます。私の受験のように、高校受験で運が巡ってこなければ、大学受験で運が巡ってきたりするのです。

先に巡ってくる運より、後で巡ってくる運の方が大きいものです。期待して、準備をしておきましょう。

ポイント

成果は、実力だけでなく、運が大きく左右する。
そして、あなたにも、きっと運は巡ってくる。
運が巡ったときのために、しっかりとした準備を終えておこう。
そうすれば、チャンスの女神があなたの味方になってくれる。

SECTION
06

焦って結果を求めるな！

「一生懸命、努力したけど結果が出ない」これが、仕事がつまらなくなる原因のひとつです。努力がすぐに実を結べばいいのですが、世の中、すぐに成果が出ることの方が珍しいのです。たいていのことは、努力してもすぐに成果は出てきません。

ある事務機器販売会社の社長が、新人セールスマンだったころの話です。

当時の彼は、まったくのダメセールスマンでした。売上はいつもチームの下位。何とかしなければと一念発起した彼は、「絶対に大きなクライアントを取ってやる！」と、事務長が出勤する時間に合わせて朝早く会社を出て、ある病院に毎日営業に行きました。それを1年半、毎日続けた。「よし、今度こそ！」と期待しながら毎日営業に行ったものの、その病院はお客様にはなってくれません。さすがに、1年半やっても買ってくれないので、いったん、その病院への営業は中止することにしました。

1年半、誰よりも早く出勤して頑張ったのに、成果は相変わらず、チームの下位。ガッカリした彼は、「もう辞めようかな。どうせ向いてないんだ」と腐りかかったそうです。しかし、自分には家族もいるし、今ここで腐るワケにはいかないと、同じやり方で、今度は、大手小売業の会社へ営業に行くことにしました。

1カ月くらい営業を続けていると、その小売業の社長さんが彼の熱心さに感心し、取引してくれることになりました。すると、それからドンドン売れるようになってきて、そして3カ月経ったある日、例の病院から電話がかかってきたそうです。

「今度、すべての事務機器を入れ替える。ついては君の所から買いたい。そう思っていたけど、最近、君がご無沙汰なんで、心配して電話をかけたんだよ」

彼は、それを契機にトップセールスマンになり、社長にまで登りつめたのです。その病院は、今でも会社の中でナンバーワンの優良顧客だそうです。

努力は、すぐに成果に結びつかない場合が多いのです。そこで腐ってしまったらおしまい。努力が成果につながるにはタイムラグがあり、忘れたころに結果が出てくるものなのです。前節で述べた「運」や「タイミング」も影響してくるのです。

努力すれば、その後すぐ結果が出るのを期待するのは当然です。結果に一喜一憂するのも当然。しかし、早急に結果を求めすぎると、結果が出なかったときの気持ちの落ち込みも大きいものです。「次こそは！」という、努力する気持ちも萎えてきます。

すぐに結果が出なかったからといって、腐っていては、チャンスは巡ってきません。努力した後は、「果報は寝て待て」くらいのドーンとした気持ちで、のんびりと待ちましょう。自分でも忘れたころに、結果が出たりするものです。

ポイント

努力が成果として表れるまでには、タイムラグがある。
すぐに結果を求めず、運が巡ってくるまで腐らずに努力を続けよう！
努力と運が重なったとき、あなたに大きな成果が訪れる！

SECTION
07

高給が欲しければ初任給の高さで仕事を選ぶな

私は、週3回、スポーツジムに行って2時間ほど運動をしています。このことについて、「凄いねぇ」とメタボの友人は言います。ダイエットがうまくいっていない人にとっては、ダイエットや健康を目的に、私が運動をしていると思っているのでしょう。

「全然、凄くなんてないですよ。僕は汗を流すこと、ストレスを発散させるのが楽しいから、運動しているだけですから」と言っても信じてもらえません。友人にとっては、「ダイエットのために、スポーツジムに行って2時間運動する」なんて大変な苦痛だと感じているから、そのように言うのでしょう。

確かに、「あるコトを目的にして何かをやろう」とすると、その行為はツライことになってしまいます。「ダイエットを目的に運動する」とつらくなるのです。ホントに続く努力は、私の運動のように、目的なしに「好きだからやっていること」ではないでしょうか？

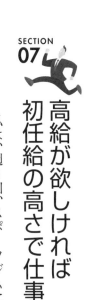

好きでやっているから、わずかしかないプライベートの時間がそれにとられても気にならないし、筋トレでの肉体的苦痛もイヤにはならない。しかし、ダイエットが目的の人にとっては、「週に3日も運動に時間をとられるなんて、のんびりTVを見る時間がなくなるのがイヤだし、キツイ思いをするのもイヤ」という気持ちになるのです。

これは運動に限らず、仕事にもいえる話です。「給料のために、家族のために、自分が生きていくためにやらなければいけないことが仕事だ」と感じると、仕事をすることそのものがツライものになってしまいます。

お金のためにイヤイヤ営業をしている営業マンであれば、1万円でも給料アップさせるために、1日10件飛び込み営業件数を増やすという作業は、とてもツライものになってきます。ストレスで胃が痛くなるような話かもしれません。しかし、営業そのものが好きな人ならどうでしょうか?

以前、お付き合いしていたクライアントに、山本君というトップセールスマンがいました。彼は、他の人の130%くらいの訪問件数を誇っていました。

彼は、人と会うのが大好きな人間でした。特に、新しい人と知り合うのが大好き。私が、「よくそんなに訪問できますね？」と質問すると、彼は嬉しそうにこう答えました。

「営業の仕事っていいですよね。いろんな人、営業の仕事じゃなかったら絶対に会えないような世代が違う人、住む世界が違う人と出会うことができる。できるだけたくさんの人に会いたいじゃないですか！　こんな面白い仕事ないですよ」

こんな彼にとって、1日10件飛び込みを増やすことなんか、大した話ではないのでしょう。

仕事で成功するためには、人一倍の行動量が必要です。他人が見たら、ツライと思えるほどのハードワーク。しかし、「好きなこと」を仕事にしている人は、そのハードワークが全然つらくないのです。山本君のように楽しんで仕事をしています。

肩ひじ張って「いい仕事をしなければならない！」なんていうような仕事の仕方はしていません。遊んでいるように仕事をしています。

初任給でいくら高い給料をもらっても、一時的な話です。会社がいつまでも高い給料を保証してくれるワケではありません。本当にたくさんの給料を得ようと思うなら、その道のプロになり、周囲から認められる存在になるしかありません。

プロになるには、抜きん出た能力を身に付ける必要がある。抜きん出るためには、誰よりも多くの行動を継続し続ける必要がある。それには、仕事が誰よりも好きになる必要がある。好きでなければ、誰よりも多くの行動するのは苦痛そのもの。一時的ならともかく、好きでもない

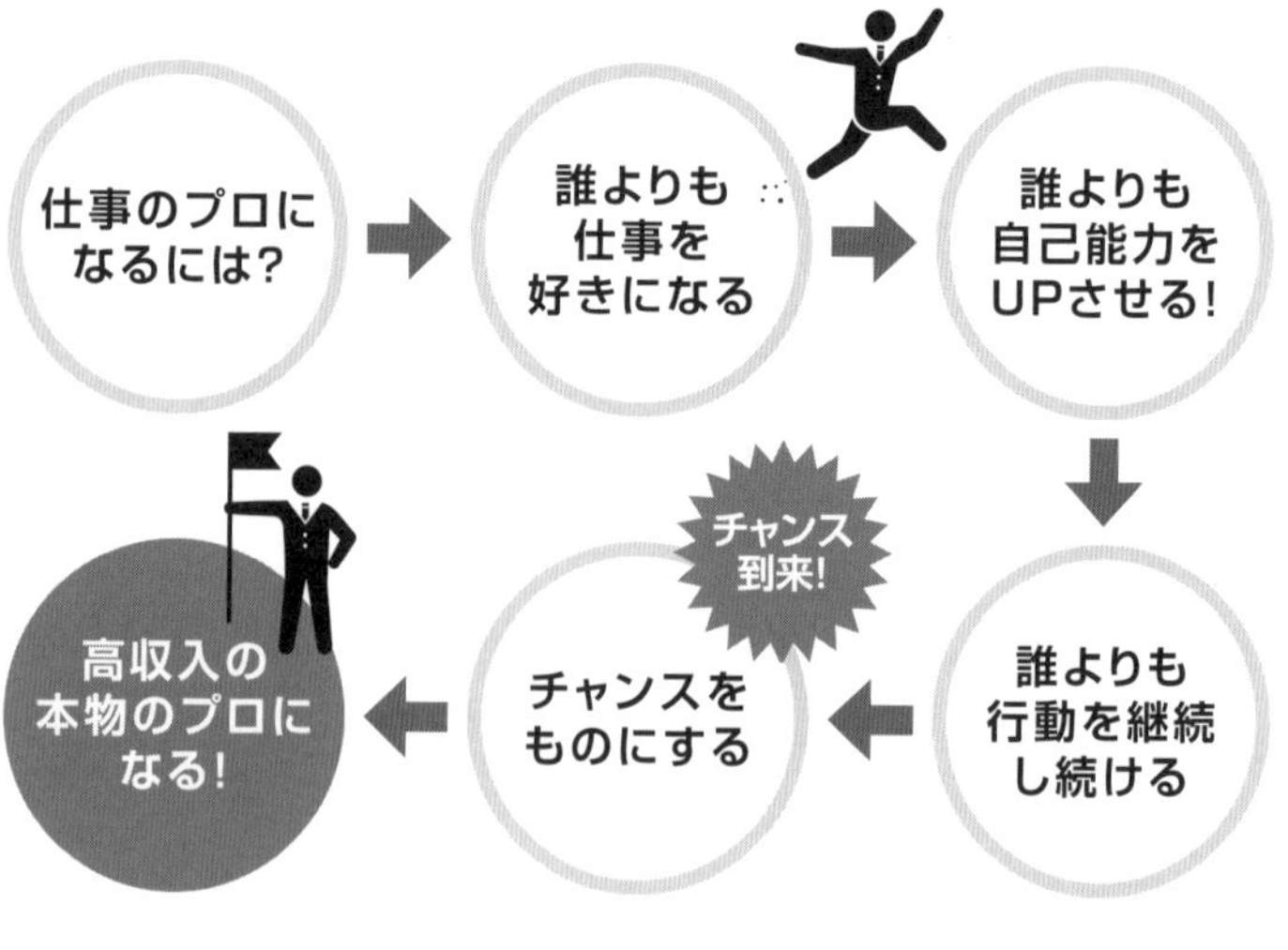
仕事のプロになるには?
誰よりも仕事を好きになる
誰よりも自己能力をUPさせる!
誰よりも行動を継続し続ける
チャンス到来!
チャンスをものにする
高収入の本物のプロになる!

のに、人一倍仕事をし続けることなど、できないからです。

あなたに「好きなこと」があり、「それを仕事にできるチャンス」があるならば、目先の給料より、迷わず「好きな仕事」を選んでください。それが高収入への近道。「損して得取れ」の発想が必要なのです。

ポイント

仕事が「お金を得るための手段」でしかないうちは仕事がツライ。
好きでたまらないことを仕事にしよう。
そうすれば仕事は楽しくなる。苦もなく長続きする!

SECTION 08

好きなこと探しで時間をムダにするな

「好きなことを仕事にしましょうなんて言われても、自分には好きなことなんてないんだ！」と言われる人も多いのではないでしょうか？

好きなことがないあなたに言いたいことは、今は「好きなこと」がなくても大丈夫ということ。好きなことは、そう簡単には見つかりません。好きなことを無理に探そうとはせず、今やっている仕事の中で、「何か好きになれるものはないか？」と考えていくのが一番いいと思うのです。

「自分に合った仕事」を探し続けて、転職を繰り返す人がよくいます。そういう自分探し的な生き方ほど、経済的に損をする生き方はないと思います。ヘッドハンティング会社から引き抜かれるような「ずば抜けて仕事ができる人」でもない限り、普通の人は転職をするたびに「新入社員」からスタート。同じ業種の同じ仕事に転職したとしても、会社によって仕事の仕方は違うからです。

「この仕事は、自分に合っていない。もっと自分に合った仕事を探そう!好きなことを探そう!」と転職を繰り返すということは、「スゴロク」でいえば、自分で「振り出しに戻る」を引き続けるようなもの。いつまで経っても、前に進めないような生き方になってしまいます。

そもそも、本当の「自分」というものはあるのでしょうか?　あなたの10年前を振り返ってみてください。「自分」は昔も今も同じでしょうか?

私は10代のころ、あるお店の「肉メシ」というメニュー(いわゆる牛丼)が大好きでした。世の中、こんなに美味いモノはないと思っていて、お金があるときは毎日通うくらいハマっていました。

最近、十数年ぶりにそのお店に行く機会を得て、ワクワクしながら「肉メシ」を注文しました。出てきた「肉メシ」の見た目は当時のまま。しかし……、実際に食べてみると、10代のころのような感動はありませんでした。確かに美味しかったのですが、「これが世の中で最も美味しいモノ」という気持ちにはならなかったのです。

皆さんもこんな経験があるのではないでしょうか？　「肉メシ」は変わっていないのですが、「肉メシ」から離れた十数年の体験によって、「自分」が変わってしまったのでしょう。

こんな日常茶飯事の体験を繰り返していると、「『本当の自分』は変わらない」という考え方が間違いであることがわかってきます。

「本当の自分に合った仕事を探す」などという自分探しも、「『本当の自分』というものがあって、それは変わらない」ということが前提です。しかし実際には、自分は常に変化しているのです。

子供のころから、毎日、さまざまなことを学びながら少しずつ変化している。会社においても、失敗をする前の自分と、その失敗から教訓を得た自分では、大きく違っているはずです。

ちなみに、私も、「30年前の自分」と、「今の自分」では大きく異なります。特に、仕事を始めてからは、20年前の学生のころには想像もしていなかった「自分」になっています。会社に勤める前は、人前で発表することが大の苦手でした。子供のころの父兄参観でも、ほとんど手を挙げたことがないほど、人前で発言することが怖い自分でした。そんな状況でしたから、リーダーシップなんてとったことがありませんでした。いつも誰かの影に隠れた存在。これも「本当の自分」です。

しかし、就職して、コンサルティング会社に入ると、仕事で否応なく「人前で発言すること」と「リーダーシップを発揮すること」を求められました。結果、いろいろと問題には直面しましたが、今では、セミナーでは大勢の人の前で話をしていますし、クライアントの経営指導の場では、リーダーシップを発揮しています。

私の場合の「本当の自分」とは、20年前の「人前で発言するのが怖くてリーダーになれない自分」でしょうか? それとも現在の「人前で平気で発言する、リーダーシップを発揮する自分」でしょうか?

どちらも「本当の自分」だと思うのです。

「自分に合った仕事を探す人」は、「自分」というものを、固定概念で「自分は

○○のような人」と決めつけてしまっていると思うのです。

よく、血液型による性格の違いを信じている人で、「自分はA型だから細かなことが気になって……」なんていう人がいます。これなども、自分を決めつけているのです。血液型は変わらなくても、経験により、人間(人格や能力)は大きく変わるのです。

今のあなたと10年後のあなたは違うはずです。思いもつかないあなたになっている可能性も充分にあるのです。特に、「あなたを成長させてくれる仕事」に恵まれれば、あなたは大きく変わるはずなのです。仕事を通して「人間」が変わるからこそ、仕事は貴重な体験なのです。

「本当の自分」は、日々の中で成長し変化しています。「本当の自分」に合った仕事などはないのです。発見できたとしても、「過去の自分」に合った仕事しかすぎない。それよりも、「『仕事』を通して『新しい自分』を作っていく」という方が、正しい考え方なのではないでしょうか?

今の「あなた」にピッタリ合う仕事を探すよりも、「新しい自分を発見できる仕事」や「新しい自分に成長させてくれる仕事」を探した方がステキではないでしょうか？

ポイント

「自分探し」なんて意味がない。探しているうちに、「新しい自分」になっているのだから。どうせやるなら、「新しい自分を発見できる仕事」をしていこう！

SECTION
09

成功するためには夢なんか必要ない

「あなたがやっている仕事は、子供のころから夢見ていた仕事ですか?」

そう質問されたとき、「ＹＥＳ」と答えることができる人はほんのわずかでしょう。

私が現在行っている、経営コンサルティングや本を書くという仕事は、子供のころに想像していた仕事とはまったく違います。私が小学生のとき、なりたかった仕事は「プロ野球選手」。これは、運動神経という才能がなかったからあきらめました。中学、高校のときに夢見た仕事は「ミュージシャン」。高校のとき、友人と「スター誕生」というテレビ番組のオーディションを受けに行ったことを今でも覚えています（正直、これを話すのはとても恥ずかしいのですが……）。これも、才能がなくて、夢だけで終わってしまいました。

そして、思ってもいなかった経営コンサルティングという仕事をするようになりました。当時の夢とはまったく違う仕事です。

夢は確かに大切です。「誰もが夢を持ち、やりたいことを追いかけなければならない」というような価値観が一般に広まったのは90年代。当時のヒット曲の数々が「夢を持つことの大切さ」をテーマにしたことにより、この価値観が広がったように記憶しています。

しかし、「夢を持ち、やりたいことを追いかけなければならない」的な価値観は、逆に、「夢がないことに悩む人」を生み出すことになりました。「自分のやりたいことが見つからない」「自分の夢を見つけることができない」そんなことが悩みの種、という人を生み出すことになったのです。

私は、「夢」なんか、あってもなくてもどちらでもいいと思っています。もちろん、夢中で追いかけている夢があった方がいいでしょう。だけど、なくても大した話ではありません。

夢なんて、作ろうと思ってできるものではないと思うのです。夢は、作るものではなく、生まれてくるもの。湧き上がってくるものだと思うのです。今やるべきことに対し全力を注ぐことで、たくさんの感動に出会い、内面から生まれてくるものが「夢」や「やりたいこと」ではないでしょうか?

野球では、2つのタイプのバッターがいるそうです。ひとつは、「狙い球」をしっかり決めて、その球を逃さず打つタイプ。もうひとつが、狙い球など決めずに「来た球を打つ」タイプです。

「夢」に対するスタンスも同じで、「狙い球を打つタイプ」と「来た球を打つタイプ」の2つがあると思うのです。

「狙い球を打つタイプ」は、「夢」という狙い球を決めて、その「夢」を追いかけていく。「夢の大事さ」を語る人たちは、この「狙い球を打つタイプ」ですね。このタイプは確かにカッコイイ。自ら「夢」を目指し、それに向かって困難を乗り越え、「夢」を実現していく。ロッキーなどのヒーローモノの映画みたいなサクセスストーリー。絵になります。

もうひとつの「来た球を打つタイプ」。特に「夢」なんてものはないけど、目の前の仕事、頼まれた仕事をやっているうちに、面白くなってきて、それがやりたいことになる。やっているうちに「やりたいこと＝夢」が出てくる。

「狙い球を打つタイプ」と違い、環境や状況に流されているようで、まるでフランスのドタバタコメディ映画。あまりカッコよくはありません。私などはそのタイプです。

世の成功本には、「狙い球を打つタイプ」しか成功しない、ハッピーになれないように書かれていますが、ホントにそうでしょうか？　私は違うと思うのです。「狙い球を打つタイプ」と違い、カッコよくもないし、ドラマチックでもないので、サクセスストーリーとして広まりにくい。だから世間に知られていないだけ。

実際は、「来た球を打つタイプ」でも成功している人はたくさんいる。むしろ、数でいえば、「来た球を打つタイプ」の方が多いくらいでしょう。来た球を打っている間に、「やりたいこと（夢）」が見つかった。そして、夢を達成して、また来た球を打っている間に、新しい「やりたいこと」が見つかっていく。この繰り返しをやっている人の方が多いと思うのです。

「やりたいこと」や「夢」がない人。心配する必要はありません。焦って、無理して夢を探す必要はないのです。まずは、「目の前にある仕事を、より素晴らしい質に高めていくという目標」に対し全力を注いでみましょう。
　今やるべき仕事を、周りの人に少しでも喜んでもらおうという目標を持ち、全力で取り組んでいく。今やるべき仕事を、もっと楽しくしようと努力してみる。そうしているうちに、「夢」や「やりたいこと」が、心の中に湧き起こってくるのです。

ポイント

「夢」なんて、今、持っていなくても大丈夫！
「夢」が湧き起こるのを楽しみに、目の前の仕事に全力を尽くそう。

SECTION
10

夢を実現できたのにナゼか不機嫌な人たち

あなたは、「やりたいことが実現できた人」を見て、「羨ましいなぁ。あこがれるなぁ」と思っているかもしれません。しかし、「やりたいことが実現できた」からといって、それで彼らはハッピーなのでしょうか？

実は、彼らもあなたと同じ悩みを抱えているのです。「やりたいこと」が見つからないという悩みです。やりたいことが実現できたのに、やりたいことが見つからない？　とても矛盾した話ですよね。

やりたいことが実現できると、今度はその状態が当たり前に思えます。つまらなくなってしまうのです。今に満足ができなくなり、新しいやりたいことを探す苦労に直面するのです。

歌うことが楽しくて楽しくて、歌手を目指していた女性。そんな彼女がプロデビューできた。最初は、歌うという仕事が楽しくてイキイキと働く。そして、運よくヒット曲に恵まれて、大物歌手になる。
しかし、ヒット曲が出た結果、毎日同じヒット曲ばかりを歌うことを周囲から要求されます。リハーサルを含めると何十回と同じ曲を歌い続けなければならなくなる。楽しかった「歌うこと」が、だんだんと退屈になっていきます。夢にまで見た仕事でも、続けていけば「飽き」が生じてくるのです。「歌うこと」が退屈になってきた彼女は「私は何のために、歌手になったのか？」と仕事に不満を感じるようになっていくワケです。

「趣味と仕事」の大きな違いのひとつは、人生において費やす「時間」にあります。「趣味」は生活の中でほんの短時間に行うものですが、「仕事」は長時間、人生の大半を注ぎ込む必要があるものです。短時間であれば、同じことを繰り返しても楽しいものですが、毎日8時間以上も同じことの繰り返しとなれば、工夫をしなければ「どんなにやりたかったこと」も退屈になっていきます。

昔から、仕事のことを「商い」といいます。「商い」とは「飽きないで、毎日続けられること」なのです。同じことを繰り返していく、退屈と思えることを、「飽きない」ように工夫することができて、「ホンモノの仕事人」ということです。「やりたいことが実現できるようになったこと」を、ひとつの成功だとします。「やりたいこと」を「商い」にしていくには、成功に満足してはダメ。「なぜその仕事をやりたかったのか?」を見つめ直し、「なった以上は、次は何がしたいのか?」を考え、飽きない工夫をしていく必要が出てくるのです。

夢が実現したら(やりたいことができるようになったら)、また「次のやりたいこと」を見つけてチャレンジする。その繰り返しができる人のみが、充実した仕事をやり続けることができるのです。「やりたいこと」が1回偶然できただけで終わりではないのです。長い人生においては、何度も「やりたいこと」を探し続ける必要があるのです。

そう考えると、あこがれの成功者もあなたと同じ悩みを持っているということです。「やりたいことを実現しているはずの彼ら」でも、あなたと同じように、「やりたいこと」を探しているのです。

「なぜ、この仕事をしたいと思ったんだろう?」

「この仕事をやることになった以上、私は何がやりたいのか?」

この2つの質問。「やりたいことを見つける」ということは、働く人すべてにとって、永遠に考えなければいけないテーマなのです。


「やりたいことを見つけている人」を羨ましく思う必要はないのです。「やりたいこと」は1個ではなく、次から次へと見つけていく必要があるのです。

彼らは、長い長い「やりたいこと」を探す旅において、一歩先を行っているだけ。あなたより先に1つ「やりたいこと」を見つけただけにすぎないのです。

ポイント

毎日やる仕事だから、1つの「やりたいこと」だとすぐ飽きる。小さくてもいいから「やりたいこと」をドンドン見つけよう。仕事を楽しく、「飽きない(商い)」ものにしていこう!

SECTION 11

あなたは会社の奴隷ではない

私の友人に、いつも愚痴を言いながら、イヤイヤ仕事をしている人がいます。彼は銀行マン。頭もとてもいい。仲間内で飲み会をよく開くのですが、近況についての話題になると、彼の口からは、いつも、

「上司が自分の価値を認めてくれない」

「俺はホントは営業の仕事なんかしたくない。企画の仕事をしたいんだ」

「銀行マンの仕事なんてつまらない」

そんな愚痴が、感心するほど出てきます。ホントに楽しくないんでしょう。

あなたの周りにも、私の友人のように、いつも愚痴を言いながらイヤイヤ仕事をしている人はいませんか？　とってもカッコ悪いって思いませんか？

誰かに人生を支配されているように見えて、何か哀れに思いませんか？

「そんなにイヤだったら、何か決断すればいいのに。自分の人生だろ。誰かの奴隷じゃないんだから」と言いたくなるような人もいますよね。

確かに仕事は、生きていくために「やらなければならないもの」です。よほどの大金持ちでなければ、仕事をしなければ食っていくことができない。だからといって、今の時代、心まで奴隷になる必要はありません。

イヤイヤやらされている人は、自分から誰かの奴隷になっているのと同じ。奴隷でいることに安住し、抜け出すことをあきらめて、愚痴を言うことでその状況をごまかしているように見えます。

イヤイヤやるくらいなら、その仕事を辞めてしまいましょう。続けるのなら、自ら進んでやりましょう。

一生、愚痴ばかり言って、自分で何も決めることができず、現状に甘んじるのが最悪！　せっかくの貴重な人生をムダにすることになってしまいます。

ポイント

人は、苦しむために生まれてきたのではない。
イヤイヤ働くことから脱出できる「力」があなたにはある！
その力を使ってみよう！

SECTION 12

「負け犬」の挑戦

あなたは、「仕事がつまらなくなっている」ということで、仕事選びに失敗したなぁという挫折感を感じているかもしれません。しかし、決して挫折感を感じるようなことはないのです。成功するかどうかは誰にもわからない。それは結果にしかすぎません。

挑戦しないで「しまった！」と思うより、失敗してから「しまった！」と思った方がいい。失敗は、必ずバネになるから。次につながるからです。

失敗する人は、挑戦する勇気を持っている人。恥ずかしいことはありません。最悪なのは、「俺には才能がある。できないのは、俺がやりたくないだけだ。やろうと思えばいつでもやれるさ」と、挑戦する前から言い訳をして、何もしない人。試す勇気がない、失敗するのが怖いだけの人。

致命的にならない限り、できる限り多くの失敗をする。やってみないとわからないことも多いのです。その仕事がどんな仕事かなんて、働いてみて初めてわかること。ガイドブックや会社案内をいくら読んでもわからないのです。

世の中、行動する前にいくら考えても意味がない、というものは案外多い。行動してダメだったら、そのとき修正すればいいんです。


A君は、証券会社のセールスマンでした。順調にセールスをしていた彼でしたが、入社して数年後に、業界は証券不況に突入。

株が値下がりしていく中、損をしたお客様たちは、新たに株を買おうとしません。業を煮やした会社は、売上が欲しいので、A君いわく「一見、儲かりそうな商品」を作り、セールスマンに販売を命じたそうです。当然、「一見、儲かりそうな商品」ですので、実際は、なかなか儲からない。これをA君は、会社から言われるままに販売していきました。

結果、顧客は損をさせられたので怒ってしまい総スカン。それでも何とかA君は顧客にしがみつこうと、何度も顧客を訪ねますが相手にされません。

売上はドンドン減少。売上が減少するセールスマンには、会社もいい顧客を割り振ろうとしません。残る方法は、新規開拓しかなかったのですが、それに取り組んでいる最中に、なかなか成果が上がらず、仕事がイヤになり、商社に転職しました。

入社の面接の際、彼は、「お客様をだますようなセールスに我慢ができなかったから、退職を決意した」と述べました。いきさつを聞けば確かにわかる話です。その商社は、「顧客に誠実に商売をしていく」ということを理念としている会社であり、A君が以前働いていた会社とは正反対の会社でした。

運良く採用されたA君は真面目に頑張りました。しかし、その商社でも結果が残せていませんでした。そんな彼を見て、上司はA君に次のようなアドバイスをしました。

「君の業績不振の原因は、『敗因の分析ができていないまま、仕事をしている』からではないだろうか？　だから、証券会社で失敗したのと同じ失敗を繰り返しているんだと思うよ。人間、「挑戦」に「失敗」は付き物。しかし、失敗体験を次なるチャレンジへの学習にするには、失敗体験を味わい尽くす必要がある。中途半端に失敗の屈辱感を味わっているだけじゃダメ。他人のせいにしているようではダメなんだ。どう悪かったのか、何が原因だったのかを正面から自問し、苦しむ。そうすることで、自分の弱点がわかる。弱点がわかれば、それを伸ばすだけ。弱点が長所になる場合もきっとあるはずだよ。」

上司からのアドバイスの後、A君は前職の証券会社を退職するに至った理由を分析してみました。今までは、自分は悪くない、前の会社の方針や上司が悪かったんだと「他人のせい」にしていたのです。だから、前の会社にいたときと同じような行動をしていたのです。それに気づいたA君は、改めて深く敗因分析をしてみました。

前職では、会社が苦しいとき、ヒドイ商品の販売を押しつけられたのは確かです。しかし、その会社の中でも、そんな商品の販売をすることなく、立派な営業成績を残していたトップセールスマンもいました。

そこで、「自分と、トップセールスマンたちとの違い」が何なのか、しっかりと考えました。

彼の敗因分析では、自分に最も足りなかったのは、「どんなに顧客数がいても満足しないで、日頃から新規の顧客を開拓する努力を行うこと」でした。

トップセールスマンたちは、日常の努力の積み重ねで、不況期でも顧客数をたくさん保有していたので、無理なセールスをしなくてもよかった。逆に、A君は「顧客数」を増やす努力をしなかったため、限られた顧客だけへの商売をしていたから、焦って無理な販売をしてしまったのです。

そして、今の商社でも前職と同じ過ちを繰り返している自分に気付きました。同じ過ちを繰り返したくないという一心から、A君は、仕事への取り組み姿勢を大きく変えました。そして、今ではトップセールスマンに生まれ変わっています。

前職では、確かに彼は「負け犬」として、会社を去っていきました。しかし、新しい職場で成功することにより、そのリベンジを果たしたのです。前職での敗因をしっかりと分析し、同じ過ちを繰り返さないと決意し、行動を変えたことで、過去の失敗を自分のチャンスに変えたのです。

人生、何度かの失敗は許されます。大きな失敗は、能力を成長させてくれます。だから、失敗を恐れる必要はありません。

しかし、そう言えるのはA君のように、「過去の失敗を他人のせいにせず、正面から見つめ直し、同じことを繰り返さないように努力した人」のみです。

ポイント

失敗を恐れて固くなっていては、いい仕事なんてできない。
「クビになってもいいや」くらいの気持ちで仕事にチャレンジしていこう。
失敗をドンドンしていこう！
失敗から学ぶことさえできれば、リベンジはできる！

第2章

君の仕事は本当につまらない仕事なのか？

SECTION 13

全力でやる仕事と手抜き仕事はどちらが疲れる？

あなたの仕事のほとんどは、退屈なルーチンワークかもしれません。毎日、同じような、単純な仕事の繰り返し。人によって、この「現実」に対する取り組み方は2つに分かれます。

ひとつは、「俺の仕事って、平凡でつまらない。だけどメシを食うためにはやるしかない」と思いながら渋々仕事をしていく人。

もうひとつは、「平凡な仕事かもしれないが、せっかくやっているんだ。俺が工夫をしていく余地はいくらでもある。日本一の仕事にしていこう」と、日々、工夫をしている人です。

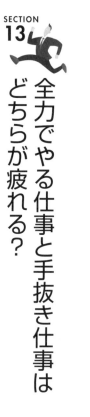

たとえば、タクシーのドライバーにも、この2つのパターンの人がいます。

先日、3キロ先くらいのフランス料理店に行こうということで、友達3人とタクシーに乗ったときのこと。ドライバーにお店の名前と目的地を伝えると、

「わかりました」と不機嫌そうな声で返事が返ってきて、走り始めました。少し経ってから、どうも行き先と違う方向に走っているように思えたので、ドライバーに声をかけました。

「運転手さん。ちょっと違う方向みたいですけど。場所は……」

そう伝えると、ドライバーはバツが悪そうな顔をして、Uターンをして目的地に向かいました。距離は通常の倍くらいになっており、料金も倍。本来はクレームを思いっきり言いたいところでしたが、急いでいたので、私たちは黙ってタクシーを降りました。

私が住んでいる福岡は、かなり観光客が多い街です。また、支店経済の街として、出張客が多い街。ドライバーは、私たちを見て、観光客か何かと思ったのでしょう。

このドライバーは、「タクシーの運転手」という仕事をどのように考えているのでしょうか？　働いていて、やりがいを感じているのでしょうか？

私たちを乗せたときも、きっと、

「タクシーの運転手なんて、車が運転できれば誰でもできる仕事さ。本当なら、やりたくない仕事だね。観光客はいいカモだ。どうせ一見客で、二度と乗ることもないだろ。だましてでも、とにかく距離を稼ごう」

……なんて思っていたのかもしれません。

このように考えている人にとって、タクシーのドライバーという仕事は、本当に苦痛で、単調な仕事でしょう。そして、働いていること自体がイヤで仕方がない。そんな態度で仕事をしていれば、お客様からお礼もしてもらえないでしょうから、働いている喜びも、お金以外では感じることができないでしょう。

一方、大阪には凄いタクシーのドライバーがいるそうです。

時間がギッシリ詰まった綱渡りのスケジュールを何とか無事にこなしていくために、ＴＶ局や芸能人から多くの指名予約があるというそのドライバー。飛行機の時間を言うと、その時間ピッタリに伊丹空港まで届けてくれるそうなのです。特にトラブルがない限り、１分と違わずに空港に着く。事故で高速道路が動かないときでさえ、下の道を駆使し、なんとしても飛行機に間に合わせるといいます。目的地に着くまでの間にどれだけ信号があり、どのタイミングで止められるかを把握しており、常に前日から、シミュレーションをして準備しているので、1分単位での到着時刻の予見ができるそうです。

当然、乗っているお客さんも安心でしょう。そのドライバーに任せておけば、絶対に着くという信頼があれば、車中でも「大丈夫かなぁ」なんて心配しなくても大丈夫。ノーストレスですね。

私が乗った福岡のドライバーは、自分の使命を「お客さんが命令するA地点からB地点まで、できるたけ高い料金をもらい届けることだ」とでも考えていたのでしょう。

逆に、大阪のドライバーは、「移動の安心」を提供していて、「お客様の望まれる場所に、約束通りの時間までにお届けし、安心してその間を過ごしていただく」ことを自分の使命として考えているのです。

だからこそ、「道の研究」「渋滞時間の研究」「地点から地点までの時間の研究」など、たくさんのことを日々の仕事の中で学んでいく。一見、単調そうに見えるドライバーの仕事にも、創造性を発揮し、工夫すべきところがたくさんあるのです。まさに、プロのドライバーの仕事です。その工夫をして、お客様から喜びの声を頂くことで、仕事は楽しく、アッという間に働く時間が過ぎていると思うのです。

福岡のドライバーの方が、工夫も何もせず、ラクができるような感じがしますが、実際は違うハズです。おそらく、プロのドライバーの仕事をしたときの方が、疲れも残っておらず、楽しく、充実した時間になっていると思うのです。おまけにチップをくれるお客様も多いし、指名のお客様も多いと思いますので、収入もいい。

どんな平凡な仕事でも、使命感を持って取り組めば、さまざまなアイデアが浮かんできます。平凡な仕事でも、やり方次第ではスゴイ仕事になっていくのです。スゴイ仕事ができるようになれば、やっていても楽しくなるものです。

阪急グループの創始者である小林一三《いちぞう》さんの言葉に、次のような言葉があります。

下足番を命じられたら、日本一の下足番になってみろ。

そうしたら、誰も君を下足番にしておかぬ。


今、あなたがつまらないと感じている、そのルーチン業務を、日本一のレベルまで高めてみませんか？　「伝説」になるまで高めてみませんか？

どんな仕事も、その気になれば、スゴイ仕事になるのです。

自分の仕事の使命をどう考えるかで、仕事がイヤで苦痛なものか、やりがいがあり充実したものに変わるかが、違ってくるのです。

ポイント

平凡な仕事だと思って、イヤイヤやれば、疲れはたまる。

平凡な仕事でも、工夫次第で、スゴイ仕事になる。

そうなれば、単調な仕事も、楽しい仕事に変わっていく。

SECTION
14

世界一不幸だけど世界一幸せな仕事

世の中にはたくさんの仕事があります。どの仕事が、一番幸福な仕事なのでしょうか？　逆に、一番不幸な仕事は何でしょうか？　人気ランキングがその基準かといえば違うハズです。何が働く幸福感に関係してくるのでしょうか？

10年以上前、ある社長から経営相談がありました。経営されているのは、2代目の40代の社長さんでした。先代が作られた創業20年ほどのケーキと和菓子のお店でした。お店を奥様とパートさんの3人でやっておられたのですが、お店の業績が悪いので、商売変えをしたいという相談でした。

相談に来られた社長さんは、「ケーキ職人の仕事は、世界で一番不幸な仕事だ。しかも、ホントに儲からない」と話を切り出されました。

ケーキが好きな私は、そのように言われる社長さんの言葉にビックリして、もっと詳しく話を聞くことになりました。

「ケーキを作るという仕事は、家庭の主婦にでもできる、つまらない仕事です。つまらないだけでなく、仕事はハード。クリスマス前など毎年、徹夜の連続です。立ち仕事で、力作業ばかり。そんなキツイ仕事なのに稼ぎも大したことがない。ましてて、みんな幸せな顔をしているクリスマスを家族で祝うこともできない。こんな辛い仕事は他にありません。せっかくビジネスをするのなら、もっと儲かるビジネスがあると思うのです。何か儲かるビジネスに転換できないでしょうか?」

その社長は、ケーキ屋という仕事に「やりがい」を見つけることができなくなっていたのです。仕事が苦痛になっていたのです。当然、そのような考え方ですから、ケーキ屋で成功するのは無理。最終的には、違うビジネスに商売替えをされることになりました。

しかし、ケーキ職人の皆さんが、全員、この社長のような考え方ばかりではありません。ある有名なケーキ職人は、「ケーキ職人の仕事こそが、世界で一番、幸福な仕事だ」と言います。

「ケーキの出番は、誕生日、お祝い、結婚式など、人が幸せなときです。そのとき、必ずケーキがみんなの真ん中にある。毎日どうケーキで人々を幸せにしようか、笑顔にしようかを考えるだけでワクワクしてきます。ケーキ職人って、幸せ演出業なんです。世の中の幸せにこれだけ関わることができる仕事は他にはありません」


ケーキ職人という仕事は同じです。しかし、「世界一不幸な仕事」と思っているケーキ職人と、「世界一幸せな仕事」と思っているケーキ職人がいます。

どちらかが、ウソをついているのでしょうか?

どちらの発言も心の底から出てきた、本当の言葉でしょう。


どんな仕事も、ある面から見れば、素晴らしい仕事だし、別の面から見れば悲惨な仕事です。「世界で一番幸せな仕事」というのは、仕事そのものが素晴らしいから、そう感じることができるのではありません。日々、その使命を果たそうとする努力から生まれる、「誇り」によって、そう思えるのではないでしょうか？

仕事がつまらなくなったときこそ、もう一度、「自分の仕事の使命」を考えてみるとよいのではないでしょうか？

ポイント

世界で一番幸福な仕事と感じるのは、仕事への「誇り」があるから。
プロへの第一歩は、「誇り」探しから始まる！
「誇り」を感じながら、仕事をしよう！

SECTION 15

「やりがい」は喜んでくれる人の数に比例する

あなたの仕事の使命を再検討するために、まず最初にやるべきことは何でしょうか？

以前、学生のときにディズニーランドでアルバイトしていたという、友人との会話です。彼は、カストーディアルキャストという、清掃の仕事をしていたそうです。

「ディズニーランドとはいえ、掃除の仕事って大変でしょう。汚いものを掃除するっていうのは、僕、苦手なんですよ。自分の部屋でさえ、掃除できないですからね」

と私が言うと、彼はこう答えました。

「イヤ、僕も最初は、掃除なんて……と内心では思っていたんだ。正直、掃除が得意ってワケでもなかったからね。だけど、ディズニーランドでの掃除は違ったよ。掃き掃除ひとつでも、華麗な箒さばきを見たゲスト（お客様）から『スゲーッ』て歓声が上がったり、『掃除をしているところをビデオで撮影したいので、ぜひお願いします』とか言われたりしてね。ちょっとした芸能人の気分だったよ。掃除以外でも、困っているゲストを案内してあげたり、迷子の子供をお世話してあげたりすると、『本当にありがとうございます。これで楽しい旅行ができます』なんて、涙まで流して感謝されることもあるんだ。今、振り返っても、夏は暑いし、冬は寒いし、大変な仕事だったけど、本当にやりがいがあったよ」

私たちに仕事をする元気を与えてくれたり、やりがいを感じさせてくれるのが、周りの人の笑顔と励まし、感謝の声です。逆に、仕事がつまらなくなると、これらの声が耳に入ってこなくなります。

そこで、冷静になって、自分の周りの声を思い出してみましょう。

そう。私たちの仕事の使命は、お客様に喜んでもらっている姿、声の中にあるのです。

Ａ４の紙を用意してください。

あなたの現在の仕事は、誰かに喜ばれる仕事でしょうか？

その人の顔を思い出してみてください。思いつく限り、ひとりでも多く思い出してください。そしたら、目の前の紙の左側に、思い出された人のお名前を書き出しましょう。

お客様、お客様のお客様、上司、部下、同僚、他部門の社員、取引先。名前がわからなかったら「〇〇と喜んでくれた人」という書き方でもＯＫです。思いつく限りの名前を書き出してみましょう。

書き出したら、次に、その人がどんな笑顔で、どんな感謝の言葉をかけてくれるかをイメージしてみましょう。イメージできたら、その言葉を、書き出した名前の右側に書いていってください。

多くの人の名前が挙がった人もいれば、まったく名前が挙がらなかった人もいると思います。たくさんの名前が挙がった人は、それだけ多くの人に喜びを提供しているということです。周りの人たちは、「あなたの仕事」に感謝をしているということ。あなたが仕事をしてくれて、よかったと思っているのです。

逆に、どんなに頭を絞っても、あなたの仕事を喜んでくれる人が想像できない人もいるかもしれませんね。そんな人は、今すぐ、現在の仕事を辞めるための準備をする必要があるかもしれません。誰かに喜ばれて初めて「仕事」です。あなたの仕事を、誰も喜んでくれる人がいないのであれば、あなたのしている仕事は、仕事ではなく、単なる作業でしかないのです。

あなたの能力なら、多くの人に喜んでもらえる仕事が、きっと何かできるハズです。喜んでくれる笑顔がどれだけ見えるかということは、お金以上に大事なこと。喜んでくれる人がいれば、お金は後からついてくるものです。

ポイント

ハッピーな気持ちで仕事がやりたいのなら、お客様を喜ばせよう!
笑顔と喜びの声が、私たちを元気にしてくれる。ハッピーにしてくれる。
中途半端な仕事ではなく、徹底して喜ばせよう!

SECTION 16

就活に失敗した人がいい仕事に巡り会える

就活で頑張った人は、いわゆる、人気企業ランキングの上位企業に就職することに成功します。あなたの友人にもそんな人がいるのではないでしょうか？　そんな友人を見て、今の会社に就職したことを後悔している人も多いと思います。何で、就活を頑張らなかったんだろうか？　なぜ就活の際、そのことに気付かなかったんだろうと……。

しかし、この、人気企業ランキングは、実際、怪しいモノ。仕事をするのは約50年間。50年後もその会社が安泰かどうかは、とても微妙。そもそも、ランキングは、給料などの今の時点の待遇重視で選ばれています。

企業の寿命は、よく30年といわれます。人気ランキング上位の会社に入ったとしても、その待遇がいつまで続くかはわかりません。それどころか、ナンバーワンのときの待遇を、30年以上も提供し続けることの方が奇跡に近い話です。

しかし、未来の待遇以上に、入社前の予測が裏切られるものがあります。それが、「仕事の中身」です。

広告代理店の仕事は華やかそう、為替ディーラーの仕事はカッコよさそうなんて思っても、実際にやるのと、外から見るのとでは大違い。就職時は、自分が好きな仕事に違いない、自分に向いている、なんて思っても、いざ仕事をしてみると、「こんなはずじゃなかった」と思う場合が多いものです。

逆に、就活に失敗して、仕方がないなぁと選んだ仕事が意外にも自分に合っていて天職になったというケースも多いのです。私の場合もそうでした。

就職活動の最初のころには誰でも、「自分が好きなことって何だろう?」、「自分に向いている仕事って何だろう?」と考えたはずです。

私は今でも、ロック、ソウルなどの音楽が大好きなのですが、就職活動をやっているころは、今と比べものにならないくらいに音楽に夢中でした。「自分が好きなことって何だろう?」と考えたとき、「音楽に関する業界に入りたい!」と思ったのですが、当時は募集も少なく、入社試験をやっているところすら見つかりませんでした。

「音楽関係以外で、他に自分がやりたい仕事はないか？」

私も、皆さんと同じように考えました。夜も眠れないほど、真剣に悩みました。悩んだけど、結局、「自分に向いてそうな仕事」も「自分が好きな仕事」も見つからないまま、就職先を決定しました。

就職先は、ある地方の経営コンサルティング会社です。

就職活動の際、「当社を選んだ理由は何ですか？」と聞かれました。「業界の成長性」や「会社の経営理念」、「仕事のやりがい」などを、面接の際は頭を振り絞って答えましたが、実際は、そんな理由で選んだのではありません。「給料のよさ」と「カタカナ名の仕事で、ちょっとカッコよく見えたから」、その仕事を選びました。

大学を卒業し、コンサルティング会社で働き始めると、正直、学生のときに想像した仕事とはまったく違いました。

経営コンサルタントといっても、最初は、飛び込み訪問や電話アポイントの仕事ばかり。まったくカッコよくありませんでした。外から見ている姿と、実際働いてみるのとでは大きく違いました。

「こんな仕事つまらないなぁ」などと少し思っていたのですが、あまりの忙しさにそんなことをじっくり考えるヒマもなく、2年くらい夢中で働いていると、その仕事の素晴らしさに気付く出来事に出会いました。


当時、二代目経営者の方々に「後継経営者として経営とリーダーシップを学んでいただく」という、研修会の営業をやっていました。正直、最初はイヤイヤやっていました。ノルマもキツイし、上司からも毎日、売れたかどうかのプレッシャーがかかります。必死に電話をかけても、飛び込み訪問をしても、なかなか社長さんたちは話を聞いてくれません。

大学を卒業したばかりの若者が百戦錬磨の社長さんたちに、「経営とは!」なんて語ったところで、「偉そうに。経営なんてしたことがないおまえなんかに何がわかる!」みたいな感じでしか捉えられないのが当たり前。そんな苦戦の連続の中、ある社長さんに出会いました。

その会社の後継者である息子さんは、学生のころからワルで、少年院を出たり入ったり。高校も、何度も転校することで、ようやく卒業できたツワモノです。卒業後は、会社で働きながら「暴走族のリーダー」でした。当時の彼はサボってばかり。社長さんは悩んでおられました。

その社長さんを、夜討ち朝駆けで必死に説得しました。何度も断る社長さんに、「絶対に役に立つから」と必死に営業をかけました。

正直、そのときは、上司から怒られるのがイヤだったので、必死に営業をしていただけ。幸運なことに、社長がＯＫを出してくれ、何とか息子さんに研修会に参加していただくことになりました。

研修会の中で息子さんの何かが変わりました。研修後、社長である父親に、土下座をして、今までの親不孝を謝られ、今後必死にリーダーとして会社を引っ張っていくことを誓われたという話を後で聞くことになりました。

そして、社長から、「断る自分を必死に説得してくれて、ありがとう！」という声を頂くことになりました。そのとき初めて、「この仕事をやっていてよかったな！」と思えたのです。２年間、今じゃブラック企業のような会社で毎月５００時間以上働き続けて、初めてその感覚を得ることができました。

「ホントの仕事の素晴らしさ」に気付くのは、夢中で働くことで、こんな「偶然のキッカケ」に出会うことだと思うのです(このような「人生を大きく左右する偶然の出会い」をセレンディピティといいます)。

セレンディピティによって、仕事の素晴らしさに気付くということは、オカルト的に聞こえるかもしれませんが、決して珍しいケースではないのです。

夢中で働いたからこそ、その「偶然」に出会えたのです。いくらクヨクヨ悩んだとしても、迷っているだけでは、そのようなセレンディピティに出会えることもなかったと思うのです。

ちょっとアルバイト的に働くだけでは、その仕事の本質、本当の素晴らしさはわからない。本気で夢中になって働くことで、仕事の素晴らしさを感じられるセレンディピティに出会うことができる。そして、仕事の素晴らしさに気付くことができる。

仕事の素晴らしさは、理屈ではなく、身体や心で感じるものだと思うのです。

就職活動で失敗したと思った、あなたでも大丈夫。「いい会社」かどうかは、

40年後にしかわからないのですから。そして、本気で、夢中になって働いて、「その仕事の素晴らしさ」を見つけてください。

スタートで転んだなんてのは、すぐに取り返しがつくのです。

ポイント

仕事の素晴らしさは、就活ナビサイト見てもわからない。とことん仕事にハマッて出会える「偶然」によって、気付くもの。

SECTION
17

雑用係は最高のポジションだ

あなたの仕事は、今、どうでもいいような雑用の仕事かもしれません。コピー、製本、文書の清書、お茶くみ、誰かのお使い、運転手、掃除……。特に、新人や若手社員のときは、そのような仕事が回ってくることは多いものです。

「何で、こんな仕事を私がしないといけないんだ？」

「私は、奴隷やお手伝いさんじゃないんだ！」

確かに、雑用仕事ばかりをやらされると、そう感じてしまうかもしれません。こんな仕事ばかりしか与えられないと、「会社は自分に期待をしていないのか？」なんていう不信感が出てくるのもわかります。「いつまで、こんな雑用をやらされ続けるんだ？」という不安も出てくるでしょう。仕事がつまらなくなって、腐りたくなる気持ちもわかります。

しかし、そんな雑用係という仕事は、見方を変えれば、こんなにいい仕事はないのです。それは、他の仕事ほど役割の固定がされていないということ。営業部長、課長なんていうと、大きな取引先をいくつも担当しながら、部下の面倒も見なければなりません。目先の仕事以外の、他の仕事を学ぶ余裕はなくなります。

しかし、雑用係は違います。役割がユルいんです。

このユルさを利用しない手はありません。雑用係だから、どこで何をしていようとおかしくない。営業で雑用しようが、商品企画、経理で雑用しようが、怪しまれもしないでしょう。そう考えれば、誰よりも会社の中で多くのことを学べるポジションでもあるのです。

勉強する気さえあれば、いくらでも勉強することができるんです。役割が決まっている人であれば、その役割以外の勉強は許されませんが、雑用係は、自分がやりたいことを何でも勉強できる。

あなたが興味のある仕事の雑用を、自ら、売り込むこともできます。

営業の仕事に興味があるようでしたら、「雑用ないですか？」と営業部に行き、雑用をしながら、営業の仕事がどんな仕事なのかを詳しく知る。そんなこともできます。

「自分には責任を与えられていない」とか「きちんとした仕事を与えられていない」などと、嘆いてはモッタイナイ。雑用係という、責任がユルい立場を利用して、ドンドン興味のある仕事について見聞を広め、先輩や上司からも話を聞いていきましょう。

自分の置かれている環境、与えられた仕事に愚痴を言いたいのはわかります。

「与えられた仕事がつまらない」

「上司がまったく教育してくれなくて、無責任」

「自分の能力を評価してくれない」

「能力を発揮する場を与えてくれない」

……等々、会社が自分の方を向いてくれないことに、ただ愚痴っているだけでは、あなたが損をしてしまいます。

愚痴を言っている瞬間だけは、あなたの気持ちはスッキリするでしょうが、しかし、現実は一切前進しません。それどころか、「あいつは文句ばかり言うマイナス思考の人間だ！」などとレッテルを貼られてしまい、チャンスから遠のくことになるのです。そうなれば、せっかく一生懸命にやった仕事まで、評価されなくなってしまいます。

愚痴を言う時間があるのなら、「今の環境で何ができるのか？」「今の仕事で何ができるのか？」を考えた方が、あなたにとって得策です。

会社から責任を与えられていないとしたら、それはそれでいいはずです。今は責任を与えられていないのだから、ラクに、広い視点で自由に仕事を学ぶことができるは

自分を評価
してくれない
上司が教育
してくれない
雑用ばかり
やらせる
会社の愚痴ばかり
言っている人
今の環境でできる
ことを考える人

愚痴を言う時間があれば、自分の置かれている環境、与えられた仕事で何ができるのかを考えて行動すれば次のチャンスにつながる。

ず。今だからできるのです!

10年経ち、責任を持たされる立場になったら、そんなことは絶対にできないのですから。

今のあなたの役割の中で、あなたのキャリアアップにつながる学習ができる場がきっとあるハズです。それを捜してみましょう。そのような姿勢で仕事をしていれば、きっと周りは「あいつは、自分で考えながら仕事をしている」と評価してくれます。そして、それが次のチャンスにつながるのです。

ポイント

今の仕事だから、環境だから、できることは何?
それをめいっぱい利用していこう。
それが次のチャンスにつながるのです。

SECTION 18

苦手なものより得意なものを活かせ

前章で「自分に合った仕事探しはムダ」という話をしました。しかし、「自分の能力を最大限に活かせる仕事」というものは存在すると思います。

足がもの凄く速い人であれば、その能力を最大限に活かせる仕事は陸上選手でしょうし、歌がとてつもなく上手な人であれば、歌手でしょう。

せっかくあなたが何かの能力を持っているとしたら、その能力を活かすことができない仕事を選んでいるとすれば、確かにそれはもったいないことです。

これは就活時にだけ考える話ではありません。

私は就職した時点では、人前で話すのがとても苦手でした。だけど、最初にまずやらされた仕事は「営業」でした。お客様を説得するのが営業の仕事ですから、お客様の前に出ると上がってしまい、上手に話ができない私が成績を上げるのはとても難しいものでした。

カベにぶち当たったとき、「このままではダメだ。自分の能力を活かす形で何とか営業ができないだろうか?」と考えました。

そこで、A4の紙に、自分の能力、人より自分では優れていると思っている長所を書き出してみました。今、このように物書きをしているくらいですから、当時から「書く」ことは得意でした。そこで「書くという能力を最大限に活かす仕事の仕方はできないか?」を考えました。

そこで思いついたのが、お客様に訪問するたびに「提案書」を作るというやり方でした。1回目の訪問の際に、お客様の悩みを徹底して聞く。その場では上手に話せないので、「わかりました。次まで、お客様の課題を整理して、解決策を提案書にまとめてきます」と帰ってきます。

そして、「書く力」を活かして、説得力のある提案書を作成する。2回目の訪問時には、その提案書を読み上げていくことで、「話す力のなさ」をカバーする。

他の人よりも遠回りのやり方でしたが、私の能力を最大に活かすやり方でしたから、結果も出るようになりました。

おそらく、皆さんにもたくさんの「能力」が存在します。

「仕事がつまらない」と感じるときは、自分の能力を活かしきっていないことを自分で気付いた瞬間です。「ホントだったら、もっとできているのに！」と思ったときです。せっかくの「能力」が宝の持ち腐れになっていれば、誰だって仕事が「つまらないモノ」と思えてしまいます。

「仕事がつまらない」と感じるときは、あなたの能力を活かし、「あなた独自の仕事の仕方」を創造するチャンスでもあるのです。今の仕事でも、「その能力」をフル活用すれば、大きな成果を上げることは、きっとできるハズです。


まず、Ａ４の紙を取り出し、自分の長所や能力を書き出してみましょう。そして、「その能力」をもっと活かすことができる仕事の仕方はないだろうか？を考えてみましょう。

従来の仕事の仕方や、他人の仕事の仕方に縛られる必要はないのです。

あなたの能力を最大限に活かすことができる「あなた独自の仕事の仕方」が見つかるハズです。それは、他の人にはできない、あなたしかできない仕事の仕方！
きっと、仕事が楽しくなってくると思います。

ポイント
あなたにも、素晴らしい才能、能力がきっとある。それを探してみよう！短所を克服するよりも前に、長所、能力を活かす仕事の仕方を見つけよう。

SECTION
19

居心地の悪い環境にいる人は幸せだ

よく、「自分の能力を高めたいと思うのですが、どうすればいいでしょうか？」と質問されます。質問した人はおそらく、どんな勉強法をすればいいかを教えてほしいと思っているのでしょうが、私は次のように答えます。

「能力を高めたかったら、自分が居心地のいい環境から飛び出すことです。やるべきことが2つあって、どちらかを選べと言われたとき、苦労しそうな方を常に選ぶような習慣をつけるだけで、あなたの能力は飛躍的に向上します。

ナゼか？　あなたがとても優秀で、どんなに伸びしろがあったとしても、いつものお客さん、いつもの仕事を行っているうちは、よほど、自分をコントロールするチカラがなければ、なかなか能力は高まりません。今までやっていない仕事、できそうにない仕事、会ったこともないような人との仕事、居心地の悪い仕事をする。

そんな居心地のよくない環境に自らを置けば、その環境に適応するために、絶対に新しい能力を身に付けなければいけないという必要性が出てくる。必要性が、最も能力を高めてくれるのです」

人の能力向上に最も大きく影響を与えるものは環境です。いつも同じような仕事ばかりしか要求されない職場では、どんなに優秀な人でもその状況に満足してしまい、能力は伸びません。

学生のころ、とても優秀な友人がいました。成績は、ほとんど「特優」。学生のとき、税理士資格、英検1級などさまざまな資格をとっていました。彼は、就職時は引く手あまた。たくさんの企業の中から彼は一流の安定企業を選び、就職しました。親方日の丸体質の企業です。誰もが羨ましがりました。

20年後の現在。彼は毎日、同じような仕事の繰り返しで、とても安定した生活のようです。絵に描いたような平々凡々な毎日です。しかし、今の彼には、20年前の人を寄せ付けないくらいの才気あふれる面影はまったくありません。どんなに優秀な能力の人でも、心地よい環境にずっといれば能力向上はストップしてしまいます。

私などは逆パターン。学生のころは、彼と比べてホントにパッとしない存在だったのですが、今では、このように本も何冊も出版させてもらっています。もともと私に能力があって努力家だったから？　違います。私の能力は平凡なものですし、今でも怠け者です。

そんな私が伸びた原因は、常に「心地よい環境にいなかった」こと。明日の仕事のために勉強しないと、明日を乗り越えられない状況に、日々置かれ毎日、能力向上の必要性に迫られていたことです。

コンサルティング会社に入った私は入社して1カ月くらい経った後、「明後日、クライアントでマーケティングについてレクチャーが必要だ。おまえ、1時間、話してもらうから勉強しとけ」なんて指示が毎日飛んできました。

お客様に迷惑をかけたくない、恥をかきたくないという一心で、明日の差し迫った仕事に対応するために、仕方がないから必死に勉強していました。

今でもそうかもしれません。独立して経営コンサルティングをやっていますので、私が新しい能力向上を少しでもサボればお客様から見捨てられます。そんな環境に身を置いているから、人一倍勉強しないと生きてはいけません。サボることが許されない環境です。

あなたが将来的に、高い能力を身に付けたければ、心地よい環境に安住しないことです。今までやっていない仕事、できそうにない仕事、会ったこともないような人との仕事が日常的にやってくる環境に身を置くこと。

能力を高めたければ、厳しいと感じるような環境を自ら選びましょう。そんな環境にいれば、誰だって能力なんて向上していきます。その環境から逃げなければ。でも、もし、その環境にギブアップしたとしても、逃げるまでの間は厳しい環境のもとで仕事をしていたのですから、大きな能力向上はできているハズです。

今、置かれている職場のことを、「居心地が悪い。厳しい環境だなぁ」と思っている人もいると思います。しかし、考え方を変えれば、あなたは「自分の能力をアップさせることのできる、とてもよい環境にいる」のかもしれません。

逆に、居心地がよすぎて「つまらないなぁ」と感じている人は、新しい環境を探していく必要があるのかもしれませんね。今の状況のままいけば、あなたの能力は止まってしまう可能性があるからです。

人は勉強することだけで、磨かれていくのではありません。それ以上に、仕事により磨かれていく、環境により磨かれていくのです。

人は元来、怠け者です。かく言う私も、心地よい環境にいたら、絶対に能力アップに向けて努力などしていないと思います。

ポイント

自らの能力を最高に高めてくれる指導者は、「居心地の悪い環境」。居心地の悪い環境を自ら求めていけば、あなたの力はドンドン磨かれる。

第3章

つまらない仕事って、ずっと「つまらないまま」なのか？

SECTION
20

「疲れ」は労働時間の長さで決まらない

毎年、必ずあるのが過労死のニュース。大手企業における過労死のニュースは新聞やテレビに取り上げられますが、マスコミには出てこない中小企業での過労死を含めると、ニュースの数十倍は過労死が発生しているのでしょう。

このような記事を読むたびに、ご本人の無念さやご家族の気持ちなど考えると、本当に悲しくなります。

私も、サラリーマンをしていたときに、過労死するんじゃないかと思ったときがありました。月５００時間を超える労働時間が数年連続で続き、まして、イヤな上司からの小言のストレス。毎朝、出勤前の恒例行事が、汚い話ですが「朝食を吐くこと」。仕事をしているときは気が張っているからいいのですが、仕事帰りにはめまいがして、何度も倒れそうになりました。

「ヤバイ」とそのとき、何度も思いました。仕事のプレッシャーや過度な労働などから視野が狭くなっていき、自分から死のうと思ったこともありました。

過労死の記事を見るたびに、何度も、あのときを思い出し、複雑な気持ちになります。同じような思いをしているサラリーマンの人たちは、今も増えていると思います。この状況は、今後、改善していくのでしょうか?

厚生労働省の施策はともかくとして、現実は、一層厳しくなるでしょう。これからの時代に起こるのが、「企業間競争の激化」と「国際競争の激化」。これだけは間違いないからです。

皆さんの会社のライバル会社がドンドン増え、さらにそのライバル会社がドンドン増えていく。アメリカやヨーロッパの企業だけでなく、ＢＲＩＣｓ（ブラジル、ロシア、インド、中国）の企業や、あらゆる世界中の企業がライバルとなり、各社が勝ち抜くために一層、競争が激しくなる、「大競争時代」に突入していくでしょう。

「大競争時代」に勝ち残るためには、生産性を向上させるしかありません。生産性の向上ということで、すぐに経営者がスポットを当てるのが「労働力」の強化です。労働力の強化ということになると、「質」の強化と「量」の強化の2種類があると思いますが、両方を求められていくことになるでしょう。そうなれば、悲しいかなもっと過労死が増えていくような時代になるでしょう。

だからこそ、大事になるのが、「好きを貫く」ことや、「楽しく仕事をしていく」ことなのです。仕事が好きな人、仕事が楽しい人でなければ、この厳しい時代を乗り越えていけないと思うのです。

仕事が好きで楽しいからこそ、仕事に没頭することができ、長い時間を仕事に投じることができる。勤勉に働くことができるのです。そうでなかったら、心も体も持たなくなってしまうのではないでしょうか？

何時間働けば過労死するのか？

これは、たぶん「どれだけ好きな仕事に携わっているか？　楽しめる仕事をしているか？」で違ってくると思うのです。

私は、以前働いていた会社も同じ経営コンサルタントの仕事でしたが、イヤな上司のもと、プライドが感じられない仕事をしていたときは、働いている時間がイヤでイヤでたまりませんでした。たぶん、会社を辞めないであのままの状況で続けていたら、本当に過労死していたと思います。

じゃあ、今、仕事がラクになったかといえば、そうでもありません。しかし、以前のような疲れはなく、充実した日々が過ごせています。身体の不調もないし、心も健全です。

その経験から感じることは、同じ1時間でも、「楽しく働けている、好きな仕事をしていると感じるか？」、「イヤな仕事をやらされていると感じるか？」で働いた後の疲れがまったく違うということ。

極端な話、月200時間でも過労死を生むようなストレスを発生させる仕事もあるし、月500時間でもイキイキと充実した日々を過ごせる仕事もある。これが現実ではないでしょうか？

私は将来的には、働き方改革により隠れてしまった家に帰って行う「持ち帰り残業」が増えるため、正味の我々の労働時間はドンドン増えていく状況だと予測しています。だからこそ、自分の身を守るためにも「好きな仕事を貫かなければいけない。楽しい仕事をしていかなければならない」と思うのです。

かつて、私たちが若いころ、ベテランの人たちからこんなことを言われていました。

「好きな仕事ばっかりできるほど世の中は甘くないんだよ。ツライことを我慢していくのが仕事なんだ」

確かに、20世紀は、つらそうな顔をして努力することが美徳でした。苦しいと言っておかないと、怠けていると思われるような雰囲気。ある意味、幸せな時代だったんです。しかし、私たちがこれから生きていくのは「大競争時代」。「イヤな仕事を我慢して、勤務時間を耐えるだけで乗り切れるほど、世の中、甘くないんだよ。好きな仕事、楽しい仕事に没頭していくことが仕事なんだ」

こういう時代に突入したのです。

価値観が、今、大きく変わり始めようとしているのです。

ポイント

「疲れ」は、労働時間の長さで決まらない。体感時間で決まる！短時間でも、退屈なこと、イヤなことであれば疲れるもの。アッという間に時間が過ぎるような仕事であれば、長時間でも疲れない。

SECTION 21

ツライ顔で仕事をしてもプロにはなれない

あなたは、苦しくて退屈な仕事というと、どんな仕事を想像しますか？

逆に、楽しい仕事というと、どんな仕事を想像しますか？

一般的には、苦しくて退屈な仕事と楽しい仕事とは、相反する、真逆のように捉えられがちです。だけど、本当にそうでしょうか？　どんなに得意なことでも、どんなに好きなことでも、どんなに楽しいことの中にも、実際はイヤな仕事ってありませんか？

私は、「本を書くという執筆の仕事」はとても楽しい仕事です。子供のころから、書くことは大好きでした。しかし、「執筆の仕事のすべて」が楽しいかといえば、ウソ。

執筆の仕事というのは、企画を考え、目次を作り、目次に合わせて原稿を作成し、作成した原稿をチェックして修正していく、大きく4つの作業で構成されています。

私が苦しくて退屈に感じる仕事は、4つ目の「作成した原稿をチェックして修正していく」という作業。何度も何度も自分の書いたものを読み直し、おかしな文章がないかどうか、論理的矛盾がないかなど、細かな作業が必要になるのですが、正直、自分が書いた文章を何十回も読み直すなんて、私にとって退屈きわまりない作業なんです。

このように、「楽しいことの中にも、退屈な仕事」は混在しているのです。私たちは、幸運にも「楽しい仕事」や「好きな仕事」に巡り会えたとしても、「退屈で、つまらない、苦しい仕事」にも直面しなければならないのです。そして、それは避けることはできません。

プロフェッショナルとして周囲から評価されるには、どんなに楽しく、好きな仕事をすることになっても、「退屈で、つまらなく、苦しい仕事」を乗り越えなければならないということ。

たとえば、野球。手の皮が破れて、血まみれになるまで素振りをしなければ上達しないと聞きます。痛くてバットが握れない状況と思えても、我慢して素振りをしていくことで型を身に付けていく。正直、ツライ作業だと思うのです。野球が好きだからといって、この試練を避けるようではプロになるのは無理。世間から「天才」といわれる人たちでさえ、この試練を行わない人はいないでしょう。イチローだって、大谷選手だって、人並み以上の試練を乗り越えています。その壁を乗り越えた人だけが、プロフェッショナルとして成功できるのです。

よくクライアントの社員さんなどから、「プロになって成功するためには、何が最も必要でしょうか？」と聞かれることがあります。私は、「それは『楽しさ創造力』という能力を身に付けること」だと答えます。「退屈で、つまらない、苦しく感じる仕事」を、自分が少しでも「楽しく感じる」ように変えていく力です。

私は子供のころ、勉強することが大嫌いでした。正直、イヤイヤ勉強していました。親や教師から強制的に勉強しないといけない環境に置かれていたので、仕方なく勉強をしていました。当然、結果は、ヒドイものでした。

そんな私とは正反対だったのが友人のA君。彼は、ガリ勉タイプではなかったのですが、とても優秀。いつもクラスでトップの成績でした。子供のころは不思議で仕方がなかったのですが、大人になり振り返ってみると、「なるほど」と思うような勉強スタイル。とてもユニークでした。

彼は私と違い、勉強をイヤなものとして捉えるのでなく、勉強することに遊びを取り入れていたのです。だから彼にも、周りにも、勉強しているという感覚はなかったのでしょう。

ひとつ例を挙げると、A君は、よく友達を集めて、「日本史クイズ大会」を開いていました。学校の授業では取り上げられない、教科書や参考書のスミに載っているような、歴史的事実を探して、問題にしてくれていました。ユニークと感じる問題を作るために、彼はたぶん必死に「みんなをビックリさせてやろう!」と思い、教科書の隅々まで目を通し、面白そうな歴史的事実を探したと思うのです。そうやっている間に、彼は誰よりも日本史を勉強することになっていたのでしょう。

今、思い返せば、彼は他の学科も同じようにゲームのように、勉強していたのです。

まさに、これこそ「楽しさ創造力」。私とA君の学力の違いは、「楽しさ創造力」の違い。私は「やらなければいけないこと」としてイヤイヤ取り組んだ。A君は、「やらなければいけないことを、自分が楽しくて、夢中でやりたくなるように」工夫して取り組んだ。私とA君の「楽しさ創造力」のレベルの違いが、結果（成績）の違いを生み出したのです。

どんなに好きな仕事、あこがれの仕事に就いても、「楽しさ創造力」は必要になってきます。人はみんな、楽しく人生を過ごすことを夢見ます。そのためには、「楽しさ創造力」を日々レベルアップしていくことが求められるのです。

毎日、楽しいことばかりをやっていくワケにはいかないからこそ、ツライ仕事、苦手な仕事、退屈な仕事を楽しい仕事に変えていく「楽しさ創造力」が要求されるのです。

「楽しさ創造力」は、「仕事を楽しくしてやるぞ！」という想いで、日々仕事に取り組んでいくことでレベルアップができます。

楽しさ創造力を身に付けるための訓練として、今、あなたの目の前の仕事を、

「楽しくしていくこと」にチャレンジしてみませんか？

徹夜してでもできるテレビゲームのように、楽しめる仕事になるように工夫していきましょう。そうすれば、どんな時代、どんな仕事に就いても、鬼に金棒です。

「楽しさ創造力」の詳細については、拙著『［改訂版］モチベーションが上がるワクワク仕事術』（C＆R研究所刊）でまとめています。ご興味のある方は、こちらをご一読されることをお勧めします。

ポイント

どんな仕事でも楽しくなる！
「楽しさ創造力」を発揮して、遊び以上に、楽しい仕事にしていこう。
「つまらない仕事」でさえ、あなたの「楽しさ創造力」を鍛えるチャンス！

SECTION 22

仕事を楽しめるのは趣味を仕事にした人だけ？

「仕事を楽しくしましょう」と私が言うと、必ず、「好きでこの仕事を選んだワケではありません。仕方なく、この仕事を選んだのです。そんな仕事をどう楽しめばいいんですか？」と言う人がいます。

確かに、好きな仕事と、仕事を楽しむということは、かなり密接な関係にあります。しかし、結論から言えば、「最初から好きなこと」しか楽しめないのかといえば、それは間違い。「後から好きになること」もたくさんあるのです。

「好きなこと」を仕事している人には2種類います。「趣味進化型」と「結果論型」です。

「趣味進化型」は、自分が好きなことを仕事にできた人です。たとえば、子供のころから歌が大好きで、大人になって、「歌うことが仕事」である歌手になれたというような人たちですね。簡単に言えば、趣味が仕事になったような人たちです。一般的なイメージでは、好きなことを仕事にしている人の多くが「趣味進化型」と思われていますが実は違います。こんな幸運に巡り会える人はごくわずか。私も、「音楽」が好きで、それを職にしたいと希望していたのですが、実際は経営コンサルティングの仕事をすることになりました。

「自分が好きなこと」を仕事にできた「趣味進化型の仕事好き人間」は、案外少ないものです。いくら自分が好きだといっても、就職したい企業から選ばれる必要があるからです。天賦の才があった人、頭がバツグンにいい人、幸運に出会えた人以外は、なかなか自分が「好きなこと」を仕事にはできないのが現実。

「好きなこと」を仕事している人の2つ目のタイプは、「結果論型の仕事好き人間」です。仕事を始めた当初は、好きでも何でもなかったが、「目の前の仕事」を懸命にこなしているうちに、好きになった人たち。

たとえば、本当は大学に入りたかったんだけどお金がなく、食べるために仕方なく寿司職人の弟子になった。しかし、寿司を学んでいるうちに、また、お客様からの喜びの声を聞くうちに、寿司を握るのが大好きになったという、寿司名人のような人。「仕事が好き」と公言している人の多くが、実際はこちらの「結果論型」のパターンだと思うのです。

私も新人のころは「嫌いだった仕事」が、経験を通して、仕事中毒患者と他人から見えるくらいに、「好きだからモーレツに働く人間」に変わったのです。

では、「結果論型」は、何がキッカケで、仕事が好きになっていったのでしょうか？　どうやれば好きでもない、どちらかといえばあまり気乗りがしない仕事が好きになるのでしょうか？

「結果論型の仕事好き人間」になるためには、「達成感」と「お客様からの喜びの声（周囲からの評価の声）」、そして「フロー体験」、この3つを数多く味わうのが一番です。

「達成感」とは、「できるかどうか不安に感じるほどの難しい仕事」が達成できた際に、感じる喜びです。「やった！　できたぞ！」という思い。難しければ難しいほど、達成したという思いが大きくなります。

仕事を好きになる2つ目の体験は、「お客様からの喜びの声（周囲からの評価の声）」を聞くことです（これについては、第2章74ページの『「やりがい」は喜んでくれる人の数に比例する』で詳しく書いています）。

そして3つ目が、心理学者のチクセント・ミハイ博士が名付けた、「フロー体験」です。フロー体験とは、「集中していたために、アッという間に時間が経っていた」と思えるほどの没頭体験です。集中して何かを行っているときのハイな体験。この快感を何度も味わううちに、仕事が好きになるのです。

仕事を通して、「達成感」、「お客様からの喜びの声」、「フロー体験」、これらをどれだけの量を味わってきたかで「結果論型の仕事好き人間」になるかどうか決まるのです。

私が運動が好きになったのも、この3つの体験を数多くしたからです。

私は、30を過ぎたとき、体重が90キロ目前くらいになりました。さすがにマズイと思い、運動嫌いの私が、スポーツジムに通い始めました。このまま体重が100キロを超えたりすれば、かなり健康にも支障をきたすと考え、仕方なく始めたのです。

最初にやったのが、筋力トレーニング。普通にやっても面白くないので、ちょっと工夫をしてみました。毎回、「よし、今回は50キロを上げるぞ」などと目標を作り、実際にその重さをクリアするという、自分なりのゲームを作りました。そして、「次は54キロだ」と、ほんのちょっとずつウェイトを上げていっては、目標をクリアするたびに、「今日もやったぜ！」と、自分なりに達成感を感じていました。一日一日の積み重ねで、自分でも驚くほどのウェイトが持てるようになり、ほんの少しだけ運動が楽しくなってきました。（達成感）

そうするうちに、体重がちょっと落ちてきました。すると、クライアントや知人から、「ちょっと痩せたんじゃない。締まってきたね」などと評価の声をかけてもらうようになりました。「オッ。成果でてるじゃん」と少し気持ちがよくなり、さらに運動が少し、楽しくなってきました。（周囲からの評価の声）

筋力トレーニングだけでは、体重を減らすのは限界があるので、有酸素運動としてエアロバイクを漕ぐようになりました。しかし、30分以上バイクをただ漕ぐのは退屈でした。そこで、ビジネス書を読みながら、バイクを漕ぎ始めました。

すると、普段、机の前に座って本を読んでいる状態より、集中して本を読むことができていました。また、本を読むことに気をとられて、「運動がキツイ」ということも感じずに、アッという間に気持ちよく時間が過ぎていきました。本を読みながら、バイクを漕ぐことに没頭する体験を何度も味わうことで、さらに、運動が好きになっていきました。（フロー体験）

30年もの間、運動嫌い人間だった私が、「達成感」、「お客様からの喜びの声（周囲からの評価の声）」、「フロー体験」の3つを数多く体験することで、わずか1年で、いつのまにか運動好き人間に変わっていたのです。

これは仕事も同じこと。この3つの体験の量で、人は嫌いなことでさえ、好きに変わっていくのです。

ポイント

何かを成し遂げた快感！
お客様から喜ばれたり、誰かに褒められたときの快感！
集中して仕事をやっているときの快感！
快感の体験量が、仕事をドンドン好きにしていく！

SECTION 23

3年限定「モーレツ社員」のススメ

仕事の中で、「達成感」、「お客様からの喜びの声」、「フロー体験」を数多く味わおうとすれば、どうやればいいか？

答えは1つしかありません。

難しそうなことにも臆せず、目の前の仕事に一心不乱に働くという「モーレツに働く体験」をすること。それも、自らの意志で「モーレツに働く体験」を選択することです。

大切なのは「自らの意思で選択する」こと。会社から強いられていると感じると、キツイと感じるだけで終わってしまいます。自ら決意して「モーレツに働く体験」をすることです！

一定期間だけでもモーレツに働く体験をした人は、「達成感」、「お客様からの喜びの声」、「フロー体験」を味わうことのできる場面に数多く出会うことができる。更に、同僚より優れたスキルを身につくことができ、「自分はこの仕事を他人より優れてやれる！」という自信を持つことができ、有能感を味わう事がでる。結果、仕事が好きになっていく。

「好きでもない仕事を、どうやってモーレツに働くんだ？」と思われる人も多いと思います。確かに、その通りなのです。好きであれば、モーレツに働くのも苦ではない。好きでもない仕事をモーレツに働くのは、大変です。私も嫌いなのですが、一定期間は我慢、根性という精神論も必要になってくるのかもしれません。

仕事は、一朝一夕では好きになりません。好きな仕事をしたければ、「好きを見つけるための苦難の旅」をあきらめない根性がいるのです。

もちろん「好きを見つけるための苦難の旅」は、永久に必要ということではありません。石の上にも3年という言葉があるように、「3年間　期間限定モーレツ社員」になってください。3年間モーレツに働く体験をしてみてください。モーレツに働くということは、普通に働く1日より、何倍もの密度の、凝縮した体験をすることができます。

3年間モーレツに働くという圧縮した体験は、通常の何倍もの「達成感」、「お客様からの喜びの声」、「フロー体験」を、濃い密度で味わうことができ、更に急速なスキルアップ(能力向上)を実現するのです。だから絶対に仕事が好きになるのです。

そして、なぜ、3年間という期間限定にしているのか？　それは数十年モーレツに働くということを目標にすると、達成不可能だと感じるから。期間を3年と限定することで、何とか頑張ることができるのです。

「好きなことを見つけると、モーレツに働ける」という話と、「モーレツに働くことでしか、好きな仕事は見つからない」という話。「鶏が先か、卵が先か」という話に似ています。しかし、私たちができるのは、「だまされたと思ってモーレツに働くこと」だけ。待っていても仕事は好きにはならないのです。3年間だけでいいので、社内で一番のモーレツ社員になってみてください。絶対に、「あ～よかった！」と思える体験になるハズです。保証します。

これ以上は無理と思えるくらい仕事にハマってみて、それでも好きにならなかったのなら、あなたには、その仕事がホントに向いていないということ。そのときに、転職を考えても遅くはないと思います。

何度も、「好きな仕事」を探す旅を続けるよりも、あなたの人生の貴重な時間が有意義に使えると思います。

ポイント

3年間だけ、濃厚な時間を作ろう。
それが、残りの人生を大きく変えていく！

SECTION 24

3年間「モーレツ社員」になる自信がない人は？

「今、そんなに働いていているワケではないし、3年間という期間限定とはいえ、モーレツに働くことなんてできるかなぁ」

と思われてる人もいると思います。

そんな不安を感じている人がいきなり、無理をしてしまい、最初の1歩からコケてしまっては、次につながりません。最初の1歩は、無理せず、上手に踏み出す必要があります。そうすれば、2歩目、3歩目が自然と出てきます。

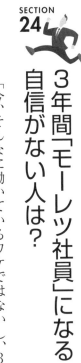

そこで、できるかなと不安になっている方にお勧めなのが、「週に1日だけ、会社（組織）の中の誰よりもモーレツに働こう」と決意することです。

まず、「週1日のモーレツデー」からスタートしてみてください。曜日なんか決めなくていいです。とにかく、週に1日だけ「モーレツデー」を自分で決め、「明日だけは、社内の誰よりモーレツに働く日にするぞ！」と決意して、仕事をしてください。これだけでも、週5日のうちの1日ですから20％の時間はモーレッツに働くようになれるのです。

20％の時間の使い方が変わってきたら、少し変化が出てくるでしょう。「達成感」、「お客様からの喜びの声」、「フロー体験」、「スキルアップの実感」を少しは感じることができるようになっていることでしょう。少し「仕事」が好きになってくると思うのです。そしたら、「モーレッデー」を週に2日にしてくださぃ。それだけで、あなたの仕事の時間の40％はモーレッツに働くようになれるのです。

そして、また「達成感」、「お客様からの喜びの声」、「フロー体験」、「スキルアップの実感」が増えてきたら、週3日、週4日、毎日と増やしていってください。理想からいえば、毎月、週に1日ずつモーレッツに働く日が増えていくのがベスト。5カ月後には、「期間限定モーレッツ社員」になれているというのが理想です。

ただ、理想はともかく、これは自分のペースで増やしていけばいいと思います。「達成感」、「お客様からの喜びの声」、「フロー体験」、「スキルアップの実感」を数多く体験して、仕事が好きになっていく感覚に合わせて、「モーレッデー」

を増やしていってください。

どうしても、モーレッツデーを週1日から増やすことができない人。その人は、週1日でいいからモーレッツデーを継続してみること。ただし、その場合、10年間は継続するつもりでやってください。毎日モーレッツに過ごす体験に比べて、期間はどうしても長く見る必要があるのです。

ポイント

週に1日だけ、他の誰よりもモーレッツ社員になろう!
それが、人生を変える最初の一歩だ!

SECTION 25

短期間でもいいから犠牲を払う覚悟を持て

「結果論型の仕事好き人間」になりたいのなら、3年間、期間限定モーレツ社員になりましょう。3年間、そんなに好きでもない仕事をモーレツに働くというのは、正直いって、苦痛だと思います。かなり根性がいるものです。でも3年間だけは、根性を出して乗り切ってほしい。

ここで伝えている「根性を出す」とは、どんなことかということ。

「根性を出す」とは、犠牲を払う（犠牲を払う覚悟を持って取り組む）ということです。

よく海外のホラー映画などで「おまえの夢をかなえてやる。その見返りに、おまえの○○をくれ」などと悪魔が取引を持ちかけます。あれって、意外に、真実を突いている話です。「仕事が好き」になりたければ、さすがに悪魔とまで取引する必要はありませんが、期間限定で何かを犠牲にする覚悟が必要になるのです。

私も3年間は、モーレツに働きました。その際、犠牲を払ったものといえば、次のようなものです。

- 日曜日や平日の仕事帰りにゆったり過ごすこと、リラックスタイム
- TVを見ること（朝食時のニュース以外は見ませんでした）
- 趣味のスポーツ観戦をすること（まったく観戦できませんでした）
- 友人と過ごすこと（友人との飲み会にはほとんど参加できませんでした）
- 健康（運動する、規則正しい食生活などはまったく行うことができませんでした）
- 彼女と過ごすこと（月に2度くらいしか会えず、学生のときに毎日していたような電話もできなくなりました。その彼女が現在の妻です）

「だまされたつもりで、モーレツに働こう」と決めた瞬間から、これらを犠牲にする覚悟を決めて仕事をしました。この当時の労働時間は月５００時間以上ありました。もちろん、皆さんにこれだけの犠牲を払え、５００時間以上働けと言っているワケではありません（今ならそんなに働いたら労働基準法違反になってしまいます）。

何かを犠牲にする覚悟を持ってくださいと言っているだけです。人により、その覚悟はさまざまだと思います。何を捨てることができるかを考えてください。捨てられるもの、犠牲にできるものの優先順位を考えてください。そして、優先順位の低いものに関しては、捨てる覚悟を持ってください。

モーレツに働くという体験は、ある意味、病的に働くということかもしれません。一定期間に病的に集中して働くことで、「達成感」、「お客様からの喜びの声」、「フロー体験」、「スキルアップの実感」を数多く感じることができる。結果、仕事が好きになっていくのです。

しかし、これを味わえるのは、一定期間、何かの犠牲を覚悟した人だけです。

『大水の先に流れる栃殻《とちがら》も身を捨ててこそ浮かぶ瀬もあれ』

という和歌がありますが、まさにこれです。目の前の仕事を好きになれるのは、「何かを犠牲にして捨てる覚悟」を持って取り組んだ人のみ。しかし、捨てる覚悟を持って行動し始めた瞬間から、あなたの人生は大きく変わっていくはずです。

つまらない仕事をして一生を終えたくなければ、期間限定で何かを犠牲にしてください。結果を出し、周りから「あいつはスゴイ仕事をするな」と認められ、「あの人の仕事で助かった」と多くの人に喜ばれると、仕事はドンドン好きになるのです。結果を出したいのなら、何かを犠牲にしてでも努力しなければならないのです。

人生の一時期だけでも何かを犠牲にする覚悟なしに、充実した仕事がしたい！　夢を実現したい！　好きな仕事を行いたい！　などと思っても、ズーッとかなわぬ夢で終わってしまうのではないでしょうか？

ポイント

欲しいものを手に入れるには、何かを捨てる覚悟で臨むこと。身を捨ててこそ、浮かぶ瀬もあれ！

SECTION 26

「凡人が天才に勝っている武器」を活かせ！

あなたは、「自分は能力がない」と才能の壁を感じることで、仕事がつまらなくなっていませんか？　自分はいつも上司から叱られてばかり。そんなとき、「あいつはスゴイよな。俺と比べて、天賦の才があるよ」なんて感じる同僚などが周りにいれば、なおさら、そう感じるでしょう。

天賦の才能がある人と、不器用な人。普通に見れば、天賦の才がある人が明らかに成功するように思えるかもしれません。しかし、現実は違います。最初は不器用だった人が、コツコツと努力して、達人になっていくケースが多いものです。

その秘密は、不器用だからこそ味わえる数多くの「感動」と「快感」です。感動に敏感な、不器用な人にはチャンスがあるのです。仕事が上達するカギは、次のような「感動」と「快感」です。

- **誰かに喜ばれた感動**

・上司に誉められた快感
・できなかったことが、できるようになったときの感動

この感動・快感の積み重ねが、夢中で仕事に取り組もうとさせてくれるのです。不器用な人は、山登りでいえば一番ふもとからスタート。ふもとでは、そこでしか見ることができない素晴らしい草花や鳥たちがおり、それを楽しむことができます。また、山登りの最初の道は、険しくもなく、ラクラク登ることができる道です。だから「おっ。ふもとから比べると、ずいぶん登ってきたな」と簡単に達成感を感じることもできます。

才能のある人とのスタートラインの違いにがっかりせず、山登りを楽しむような気持ちでいけば、「プロフェッショナルへの登山」を不器用な人ほど楽しむことはできるのです。不器用だからこそ、ちょっとのことで前進や達成感を感じられる。感動のハードルが低いから、ちょっとしたことで感動を得ることができ、それが励みになる。

小さな感動・快感が、「感動の貯金通帳」にドンドンたまっていきます。「やっ

てよかった」という「感動の貯金通帳」が、仕事を楽しいもの、夢中になるものにしてくれるのです。もちろん、不器用なだけではダメ。感動・快感を大事にする気持ちと、あきらめないでコツコツと積み上げていく根気は必要になります。

逆に、才能のある人は、登山も中腹からスタート。最初から、少し山登りが難しくなってきている状態から始まります。また、中腹までパーンと車できているようなものですから、ふもとの景色を楽しむことはできません。

かなり複雑なことまで最初からできるので、簡単に数多くの喜びを得ることができるはずです。ただ時間が経つとそれが当たり前になり、よほどのことができないと「よし、できた！」などの感動・快感は得られなくなる。感動のハードルが最初から高くなってしまうのです。「やっててよかった！」「やった。新しくこんなことができた！」などの感動・快感が得にくいので、すぐに仕事がつまらなくなる可能性が高いのです。

富士山も頂上付近になると空気が薄くなり、ちょっと登るのさえ大変になるように、仕事も頂上（プロフェッショナルとして認められるレベル）に近くなるほど、ほんの少しのレベルアップが大変になってきます。

この頂上付近を登りきることができるかは、「感動の貯金通帳」にどれだけ貯金をしてきたかにかかっています。仕事の素晴らしさ、お客様のありがたさ、上司への感謝など、さまざまな感動・快感がパワーに代わり、最後の一歩を後押ししてくれるのです。そして、不器用な人ほど、たくさん「感動の貯金通帳」に貯金ができる。だから、不器用な人でも、天賦の才がある人と同じレベルか、それ以上に成功できる確率は高いのです。

天賦の才がないからとあきらめてはダメ。天賦の才がある人を嫉妬しても始まりません。才能がないのであれば、そのことを活かしましょう。

彼らよりも多く、「感動の貯金通帳」に貯金をためていけばいいのです。小さな前進を、感動し、喜べるようになりましょう。

ポイント

才能がないことに、感謝しよう!
代わりに、あなたには感動・快感がドンドンたまる貯金通帳があるのだから!
感動貯金が、あなたがプロになるための後押しをしてくれる。

SECTION 27

「驚き！」「ビックリ！」「ワォー！」が喜びの声を生む

人によって仕事の品質基準は違います。

ひとつは、マニュアル通り、上司の指示通りに淡々とこなしていくアルバイトがやっているような、ファーストフード型の品質基準の人。

もうひとつは、ハリウッド映画のように顧客をビックリさせたり、驚きを与えるほどの仕事でしか満足ができない、ハリウッド映画型の品質基準の人。

あなたの今の仕事の品質基準は、どっちでしょうか？

ファーストフード型も悪くはありません。きちんとした最低限の品質の仕事はしてくれるのですから。お客様は「不満を抱かない」というレベルの満足はしてくれます。しかし残念ながら「お金を払っているのだから当然」とお客様は思うだけで、「喜びの声」「感謝の声」は頂けないでしょう。

私たちは、喜びの声、感謝の言葉をかけてもらえると元気になります。

「ありがとう」

「あなたのおかげだよ。助かったよ。感謝するよ」

「いつもホントによくしてくれて。ありがとうね」

こんな言葉をかけられると、「仕事をやっていてよかったな！」と感じることができます。あなたは、日々、周囲（お客様、上司、仲間、他部門の人たち）からどれくらい感謝の言葉をかけてもらっているでしょうか？

「感謝する気持ち」は、人によって異なります。たとえば、感謝の心が少ない上司のもとで働いている人や、「やってもらって当たり前」みたいなお客様ばかりを相手にしている人ならば、なかなか「ありがとう」の言葉をかけてもらう機会もないのかもしれません。そうなると、仕事はつまらなくなってきます。

「本当に自分の仕事は価値のある仕事なんだろうか？」

「やっていて意味があるのだろうか？」

などと考えてしまいます。それは当然でしょう。

残念なことに、世の中、感謝の心にあふれている人ばかりではない。今の職場から違う職場に移っても「やってもらって当然」とばかりの、感謝の心が少ない人に出会うかもしれないのです。そのたびに、仕事がつまらなくなってしまい、転職してしまうのは、もったいない話です。感謝の心が少ない人に、「仕事はつまらない」という気分にさせられ、貴重なあなたの人生や仕事を左右されるというのは、悔しいと思いませんか？

あなたが自分の品質基準を、ファーストフード型の品質基準で満足している限り、彼らは感謝の言葉はかけてくれない。どうしたら、そんなお客様や上司に感謝の言葉を言わせることができるでしょうか？

それは常に、「相手が期待している以上のことをやってあげること」です。私たちは、誰かに何かをしてもらうとき、「コレくらいのことをしてくれるんじゃないか？」と期待をしています。（これを事前期待と呼びます）

たとえば、旅館に宿泊しに行くのであれば、「客室には、土産物のお菓子とお茶が置いてある」などと、必ず何らかの事前期待をするものです。事前期待は、過去の経験や、常識から生まれてくるもの。事前期待通りのことをやっているだけでは、なかなか感謝の言葉を言ってもらうことは難しいものです。

そこで、お部屋のお菓子を、単なる土産物のお菓子ではなく、「近所の無農薬で餅米を作られているおばあちゃんが、今日手作りしてくれた、おはぎです」と、差し出したらどうでしょう。そうすれば、お客様の多くは驚きます。、事前期待を超えて「こんなことまでしてくれた」と驚いたときは、感謝の心が少ないお客様でさえ「ありがとう」という言葉を口にするのです。

お客様や上司が、「感謝の言葉」を言ってくれない。自分を認めてくれないとすねていても、何も始まりません。彼らに、無理矢理にでも「ありがとう」と言わせましょう。そのために、事前期待を一歩越えた品質の仕事をしていきましょう。ファーストフード型を卒業して、ハリウッド映画型へ一歩、仕事を進化させてみませんか?

そして、たくさんの「ありがとう」という言葉が、あなたの仕事を「つまらない仕事」から「やりがいのある仕事」に変えていくことにつながるのです。

ポイント

笑顔で仕事をしたければ、相手の事前期待を超えた「ビックリ」を!

SECTION
28

憧れの仕事もラクじゃない

　多くの人が、自分の好きなことや、趣味を仕事にできた「趣味進化型」の人に憧れます。しかし、「趣味進化型」のすべての人が、ズーッと仕事が好きでいられるかというとそれは違います。

　ラッキーにも「子供のころから憧れの仕事」ができるチャンスを掴んでも、すべての人が「やりがい」を感じて仕事をしているワケではありません。実際には、それらの人のほんの一部しか、「やりがい」を一生感じ続けながら働くことはできないのです。長く仕事をしている間に、いつのまにか、あんなに好きだった仕事がイヤになっているのです。

　わかりやすい例でいえば、プロ野球選手。プロ野球入団時の写真なんか、みんな光り輝いた表情をしていますよね。しかし、一軍で活躍できる選手はわずか。ほとんどの選手は、スター選手になる前に、現役を引退してしまいます。

対決する相手や仲間も、プロに入る前には超一流と騒がれた選手ばかり。簡単に結果は出ません。練習しても練習しても、一軍になかなか入れない。アマチュアのとき、神童ということで、あれだけ結果を出してきて、周りもチヤホヤしてくれたのに、結果が出ないと誰も注目してくれません。自信があった野球への自信も揺らいできます。

結果を出すには、何度も何度も、単調な反復練習の繰り返しをするしかありません。単調な練習を我慢して繰り返しても、なかなか結果に結びつかない状況が続けば、プロに入る前に大好きだった野球が、苦痛なものになっていく。そして、だんだん練習する量も減っていく。そんな選手が多いと聞きます。

これはプロ野球選手だけに限ったわけでなく、歌手やお笑いの世界など、子供のとき、よく憧れるような仕事すべてにいえる話でしょう。

どんなに憧れていた仕事に就いたとしても、どんなに好きだった仕事に就けたとしても、ズーッとやりがいを感じ続けること、好きでい続けることは難しいものです。実は、「趣味進化型」でさえ、ほとんどの人が、仕事がイヤになる、仕事がつまらなくなる時が来るのです。

私は、それを「ＬＩＫＥからＬＯＶＥへの壁」と呼んでいます。好きといっても、レベルがあると思います。恋愛で考えれば、恋人から奥さんに変わることと考えてもいいでしょう。

「ＬＩＫＥ」は、趣味的に、この仕事が好きな状態。長く続けることで飽きたり、困難に出会うことで、好きでなくなることも多い。

「ＬＯＶＥ」は、好きでい続けるために直面する、退屈や困難を乗り越えて、好きな仕事の中に新たな「好き」を発見し続けることができる状態。


「趣味進化型」は、最初、仕事がＬＩＫＥの状態です。しかし、ＬＩＫＥからＬＯＶＥになるまでには、壁があるのです。退屈や困難に出会い、それでも好きでい続けられるのかという壁です。ここが人生の分かれ目。途中で仕事がイヤにならず、一生、仕事を好きでいられる人は、ここで何を行っているのか？

「結果論型」の多くの人達と同じように、誰よりもモーレツに働いているのです。「つまらなくなってきた仕事」に対し、もう一度自分を奮いたたせ、他の誰よりもモーレツに働いているのです。

モーレツに働くことで、「達成感」、「お客様からの喜びの声」、「フロー体験」、「スキルアップの実感」を数多く体験し、また仕事が好きになるようになるのです。このプロセスを通し、ＬＩＫＥからＬＯＶＥの状態にステップアップするのです。

「趣味進化型」は苦労なく働いているようで、羨ましく思えるかもしれませんが、実際はあなたと同じような苦労をするのです。あなたは、仕事を始めてすぐに「３年間　期間限定モーレツ社員の期間」が必要になるが、「趣味進化型の仕事好き人間」はその期間が後になるだけの違い。タイミングの違いだけなんです。

ポイント

ラッキーな「趣味進化型」を羨むことはない！
彼らも一度は、自分にむち打つ「モーレツに働く」体験が必要になる。

SECTION
29

アマチュアとプロフェッショナルの境界線

どんな仕事もプロフェッショナルになるのは大変です。

たとえば、趣味で料理が好きな男の子がいたとします。友人たちにも、彼は自慢の腕を振るい料理を作ってあげます。「とても美味しい」「おまえプロ以上かもしれないぜ」などと好評です。

そして彼は、自慢の料理の腕を活かすために、フランス料理のレストランに入社します。

「俺は、友人たちからもプロ以上と言われるくらい料理の腕に自信があるんです」と、オーナーに料理を振るいます。

彼が作っている姿を見て、オーナーは一言、

「皿洗いからスタートだな……」

アマチュアとプロフェッショナルには大きな壁が存在します。

- プロは短時間でできるが、アマは時間がかかる
- プロはいつも同じ品質のものが提供できるが、アマはバラツキがある
- プロは人を驚かせたり、感動させることができるが、アマはありきたり

一言でその壁を言えば、「プロは利益を稼ぐことができるが、アマは利益を生み出すことができない」ということ。

特に人気の仕事であればあるほど、このプロとアマの壁は大きい。アマの目から見ると「ちょっとした差」のように思えたりするが、プロの目から見れば、その差が大きいのです。あなたの仕事においてプロフェッショナルといえるほどの仕事とは、どのようなものでしょうか？　アマチュアとの違いは何でしょうか？

給料をもらって仕事をしているからといって、私たちはプロフェッショナルというワケではありません。スポーツの世界など、本物のプロにならなければ生活ができない仕事は若干ありますが、サラリーマンという世界は、アマチュ

アにさえ、給料を払って雇うという仕組みで成り立っています。

ほとんどの人は気付いていないのですが、サラリーマンの中で、プロフェッショナルと呼べる存在は、3分の1くらいしかいないのではないでしょうか？

残り3分の2は、給料はもらっているが、アマチュア。アマチュアのままだと、仕事なんか楽しくできるワケがありません。仕事をした結果、お客様や会社、上司から喜びの声を聞くことができないからです。

しかも、アマチュアは稼げません。私たちは、アマチュアには、アルバイト賃レベルしかお金は払いませんよね。いくら長時間仕事をしても、アマチュアだと稼げないのです。


「つまらない」と感じる状況を脱しようと思えば、どんな仕事でも一日も早くプロフェッショナルになってください。そうなれば、仕事は楽しくなる。

しかし、プロになろうとすれば、絶対に「アマとプロの間」にある高い壁を乗り越える必要があります。

ラクに乗り越えることのできる、壁のないプロフェッショナルへの道なんてどこにもないでしょう。厳しい壁があって当たり前なのです。

壁を乗り越えるには、壁を乗り越えるための苦労を耐える覚悟が必要なのです。もちろん、私たちには耐えることができる苦労と、耐えることができない苦労があります。あなたがプロフェッショナルになろうとした際、「耐えることができないような苦労」があるとすれば、それは道を変えた方がいい。

・身体を動かさなければいけない仕事
・手先の器用さが求められる仕事
・文章を書かなければいけない仕事
・人前で話をしなければいけない仕事

等々。目指すべき道によって、苦労の種類も違ってきます。ハードワークに耐え、夢中で取り組まなければ、どれも高いレベルのスキル・能力は身に付きません。同じ苦労なら、我慢できる苦労の道を選びましょう。

いずれにせよ、人間、生きていくためには苦労や辛抱はつきものです。

一生「つまらないなぁ」という思いを耐えながら、二流の仕事をしていくのも大変な苦労です。
どうせ苦しむのなら、一流のプロフェッショナルの仕事を目指しませんか？

ポイント

二流で終わるにしても「退屈と自己嫌悪」という苦労が一生つきまとう。どうせ苦労や辛抱しないといけないのなら、一流のプロフェッショナルを目指そう！

第4章

人生を変える精神的自立のススメ

SECTION
30

ＡＩ時代でも金の卵を生み出す鶏になれ！

これから10年後、20年後に必ず起こる未来は、ＡＩ（人工知能）が大活躍する社会です。ＡＩ社会は消費者の立場で考えると、自動運転、自分の好みに合うオリジナル商品・サービスの提供等々、素晴らしい様々な事が実現される社会です。

一方、働く側の立場から考えると、ＡＩが私達の仕事を奪う社会です。今は人手不足の時代ですが、ＡＩ社会になると、多くの会社が不要になったり、多くの人がリストラされる社会に突入していきます。70歳以上まで働かないといけない今、若い人たちであれば、そういった社会にもサバイブする準備をしておく必要があります。

ＡＩ時代にリストラされ、仕事がなくなる人は、どんな人でしょうか？

よくＡＩでなくなる業種、職種などといった特集がビジネス雑誌に掲載されていますが、一言で言えば、どんな業界でも、どんな職種でも「単純労働・単純頭脳労働」と言われる、定型業務を繰り返し行うだけの、会社側から「人手としか考えてもらえない仕事」を行っている人は間違いなく不要になる。

それら「正解のある定型業務」は、ＡＩの得意分野。どんな職種の仕事でも、ＡＩは進出して、ビジネスマンから仕事を奪っていくでしょう。


ＡＩ時代に突入しても、私たちが自分の身を守るためには、あるいはそんな時代でも豊かな暮らしを実現するには私達はどうすればいいでしょうか？

ただの「人手」になることを選ばず、本物のプロになることを選ぶこと。日々働くことで、熟練していく仕事を行う。１年後には、現在より高い生産性を上げることのできる仕事を行うのです。新人が入ってきて数カ月したら、あなたと同じような仕事ができるようならダメ。そんな入れ替え可能な「人手」だと、リストラ候補のままです。

あなたが会社を休んでも、何事もないように会社が回っているようではダメ。あなたがいなければ、職場が回らないという存在になるのです。それが「人手」にならずに、「本物のプロ」になるということです。

本物のプロになれば、リストラとは無縁の存在になります。最悪、今いる会社が倒産しても、次の仕事はすぐに見つかります。

なぜ、本物のプロだけはリストラと無縁なのか？　失業の恐怖と無縁なのか？

企業に大きな収益をもたらしてくれる存在だからです。本物のプロが常に、仕事を変革し続けていき、ＡＩはそれを学び、真似る。そんなＡＩが手本にするような仕事ができる人材は、育てるのに時間もかかるし、企業側もたくさんの投資が必要になるからです。

本物のプロは、代わりがききません。だからリストラをしないといけない経営状態であっても、本物のプロの人材だけは、何とか確保しようと企業側は死にものぐるいになるのです（多くの人をリストラしているときでも、本物のプロだけは給料アップ、待遇改善をしている企業もあるくらいです）。

ＡＩ時代になっても、企業にとって本物のプロとは、「お金以上に大切な、金の卵を生む鶏」だからです。

私たちは、働いているうちに、「代わりが利く人手として使い捨てされる存在」と、「金の卵を生み出す鶏として企業が手放したがらない存在」とに、気付かぬ間に仕分けされているのです。

ＡＩ時代になっても、リストラや失業の不安に悩まされないためには、決して「人手」にならないでください。すぐに誰かに代わりがきく、アマチュアを早く卒業してください。毎日、毎日、新しい技術を修得していき、日々熟練度を上げていき、「金を生み出す本物のプロ」になってください。

派遣で働くにしても、本物のプロになれます。本物のプロになれば、リストラや失業の不安はなくなります。逆に、人も羨む会社で働いても、アマチュアとみなされれば、リストラと失業の不安を感じながら生きていかねばならないのです。

ポイント

毎日、仕事を進化させていこう。そして、代替えがきかない本物のプロになる！どんな時代になってもリストラ、失業の恐怖とは無縁の存在になる。

SECTION
31

ストレスの真の原因は「依存」にある

ラジオの人生相談なんかを聞いていると、「主人がいつも暴力を振るいます。私だけならいいんですが、時折、子供にまで。ＤＶ夫なんです。どうすればいいでしょうか？」なんて相談がよくあります。皆さんも、こんな話、聞いたことありますよね。そのとき、どう思いますか？

「ＤＶの性格なんて治らないよ。別れるのが一番。ＤＶ夫なんて、さっさと別れた方がいいよ」などと思いますよね。だけど、当の本人は、そんなに簡単な話ではないのです。奥さんが、そのＤＶ夫に依存をしているからです。経済面、精神面で何かと夫を頼っている。こんなＤＶ夫でも、いなくなったときの不安、恐怖の方が大きいから、奥さんは、なかなか別れられないのです。

私たちは子供のころ、両親に依存していました。

赤ちゃんのころは、母親のお乳がなければ生きていけませんでしたし、大きくなってもご飯を作ってもらっていました。そして、生活に必要なものは、父親が仕事で稼いできたお金で買ってもらっていました。両親がいなければ、生きていけない存在が子供です。だから、小さな子供は親の言うことに本能的に従おうとするのではないでしょうか？

両親の場合は、子供への無償の愛がありますから、子供に依存されたからといって、要求はしません。

しかし、子供が10代の反抗期になり、一人前の口をきいてくるようになると、「誰のおかげでメシ食っているんだ。ありがたいと思うのなら、言うことくらいきけ！」なんてことを言いたくなります。そして、「おまえがやりたいようにしたいのなら、自分で自分のことを面倒見られるようになってからにしろ！」なんて言葉が続きます。

皆さんも、こんなことを両親から言われたことはないでしょうか？

これはもっともな話です。依存されるということは、とても面倒な話です。

だから依存される側は、対価を要求してきます。

両親でさえ、そうなんですから、会社や上司のような他人だったら、なおさらです。依存している部下に対して、上司は怒鳴り散らし、業績低迷を追求し、会社は給料ダウンを示唆していきます。

依存している社員は、依存関係を断ち切られないようにと、我慢の連続です。言いたいことを言ったら会社からクビを切られるかもしれない。上司の言うことをきかなければ左遷されるかもしれない。怒鳴りつけられるかもしれない。

そんなことに常にビクビクしていなければなりません。ストレスがドンドンたまります。

私たちが思春期や反抗期のころ、「親の縛りを煩わしく」感じましたよね。上司や会社は、あのころの両親と同じように「あなたを縛ろう」とします。「縛る代わりに、今の状況を維持してやる」なんて具合です。

依存している部下側は「縛られるのはイヤだけど、依存させてくれるのなら仕方がない我慢するか」ということで、その状況に安住するようになってしまう。そして最後は不幸な結末です。

永遠に親が子供の面倒を見ることはできません。親も年を取れば働けなくなるし、身体も動かなくなる。与えたくても、与えることができない状況になる。ニートや引きこもりも、親が元気なうちはいいですが、親が病気になったりすると、それからが困るようになるのでしょう。

企業の中での、依存し依存されるという関係も同じです。

会社に依存している社員が社内に増えていくと、会社の収益性は急激に落ちていきます。依存している社員を食べさせている「優れた社員」から、バカらしくなって退職していきます。それが続けば、会社は「依存している人」をリストラしていくしか方法はなくなります。最終的に、他力本願の人は切り捨てられるのです。

「依存している部下側」にも言い分はあるでしょう。「会社や上司は、あれだけ無理にイヤなことを押しつけたり、縛ってきたじゃないか！　守ってくれるというから、そのツライことを我慢してきたんだ！　自分たちが厳しくなったからといってリストラなんてひどすぎる。雇った責任を最後まで果たせ！」

しかし、こんなことを言っても遅すぎます。誰だって自分の身が一番大事。自分の身が危険にさらされれば、最初にやることは、足を引っ張るヤツを船から降ろすこと。

リストラをするような会社では、たくさんの社員の中でどんな人からリストラするのでしょうか？　多くの場合、共通しています。まずは、不良社員から。次に、意外と思われるかもしれませんが、いい加減に仕事をサボっていたワケではない、真面目な社員たちです。上司の言うこと、会社の指示を忠実に守ってきた人たち。ただ、彼らは、会社や上司に依存していた人たちでもあるのです。「サラリーマンなんか、会社に依存できるからなったんだ！」と言われる人もいるかもしれません。しかし、今の時代、我慢して会社や上司に依存しても、ずっと守ってくれることなんてありません。

今、依存できるからラクだと甘えていても、いずれそのツケを払わなければいけなくなります。今のうちに、依存する存在から脱却していきましょう。

長い人生、よいときがあれば、悪いときもある。

最悪なのは、何かにしがみついたり、他力本願で、今を我慢してしまうこと。こうなると、人生、辛くなります。依存するための我慢は、最終的には、あなたが不幸になるだけ。我慢の先にハッピーエンドはないのです。

上司や会社に依存することから脱却し、逆に上司や会社から依存される存在になる。「縛られること」にNOと言うことができる存在になりましょう。

ストレスフリーになるには、まず、誰かに依存することをやめることが、スタートなのです。

ポイント

上司や会社に依存することをやめよう。
頼らなければ、あなたは縛られることから開放される！
ストレスからも開放される！

SECTION
32

あなたの市場価値はいくらか？

あなたの市場での「価値＝バリュー」はいくらかわかりますか？

「そんなの転職活動してみないとわからないよ」と言われるかもしれませんが、ひとつの目安を考える方法があります。それは、あなたの労働生産性を調べることです。

労働生産性とは、ザックリ言うと、あなたが稼いでいる「粗利益」です。どれだけの付加価値をあなた一人で生み出しているかということです。あなたが稼いでいる売上から材料費などの原価を引いた、残りの利益のことを、「あなたの労働生産性」と考えていいでしょう。

「自分は営業ではないので、いくら稼いでいるかわからない」と言われる方であれば、全社の粗利益を、働いている人の数で割ってみてください。それが一人あたりの平均的な粗利益です。そして、その平均よりも10％高く成果を出していると思うなら、平均粗利益の110%を、とりあえず自分の生産性と考えてみましょう。逆に、平均よりも10%低い成果しか出していないと思うなら、平均粗利の90%を、自分の生産性として考えてください。

たとえば、あなたの会社が10人で1億の粗利益を稼いでいるとします。そうすると、一人当たり平均の生産性が1000万。あなたが平均より10%頑張っていると思えば、あなたの生産性は1100万。あなたが平均より10%劣ると考えたら、あなたの生産性は900万ということです。

その生産性を3で割ったのが、「あなたの市場価値」です。

なぜ3で割るのか？　3分の1ずつを「あなたの市場価値（給料等）」、「会社の経費」、「将来への投資・備え・税金・株主配当」と見ていくからです。

そして、あなたを雇うことでの会社の儲けは、次のように考えることができます。

・あなたを雇うことでの会社の儲け ＝ あなたの市場価値 － あなたの給料

そう考えていった場合、あなたは、どれだけ会社に「儲け」を生み出しているのでしょうか？

「儲け」を生み出している人は、転職していっても充分な市場価値を認められ、好待遇を獲得できる可能性があります。逆に、「赤字」ということであれば、今の会社からでさえリストラや給料ダウンを迫られる可能性があるのです（あなたを雇っていることで赤字になっているワケですから）。

まず、自分が「どれだけ会社に儲けを生み出す存在になっているか？」を冷静に判断してみることが大切です。そして、「儲けを生み出す存在（会社から依存されている存在）」になっていれば、今の会社以外にも、あなたを高く買ってくれる企業があるハズです。「高く売るための転職資格」獲得というワケです。

逆に、「赤字を生み出している存在（会社に依存している存在）」ということでしたら、もう少し今の仕事で自分の実力をつけ、実績を上げる必要があります。

あなたの価値にもっと関心を持ちましょう。無関心が、あなたの価値を下げていきます。関心を持つようになると、

「もう少し頑張らないと、今月は給料分の価値の仕事をしていないぞ！」

「よしよし！　俺が会社をかなり食わせているぞ！　あともう少しで、どこからも買ってもらえるだけの価値ある存在になれるぞ！」

というように、あなたは自分の価値を高める努力をしようとするハズです。

自分の市場価値を高めたいのなら、まず、自分の価値に関心を持つことからスタートしましょう。

ポイント

自分を高く売るためには、「高く売るための転職資格」が必要だ。会社に利益を生み出す存在になることで、転職資格を獲得しよう！

SECTION
33

平凡に生きることは難しい

自分には、特にやりたいことがない。お金もそれほど必要ない。食べるに困らず、年に数回の家族旅行に行けるくらいのお金があればいい。地位や名誉にも興味がない。大きなトラブルに巻き込まれることなく、つつがなく、決められた仕事、言われた仕事をコツコツとこなしながら、生きていければ充分という人も多いと思います。そんな平凡な人生も、幸せだと思います。

しかし、今、こんな平凡な生き方が難しい時代になってきています。いわゆる、「中流」といわれるような生き方が、逆に一番、不安定になっているのです。ここ10年「中流」がなくなり、「上流」と「下流」だけの社会になってきており、今後更にこの傾向が強まると言われています。

大量生産、工業化社会においては、マニュアル通りの仕事を真面目に、コツコツとこなしていく人材は貴重でした。しかし、時代は変わってきました。

今、仕事がマニュアル化された瞬間から、その仕事は、派遣社員やアウトソーシング先に回す仕事になったのです。マニュアル化された仕事は、より安い人件費でこなすことができるように、ドンドンと業務の移行が進んでいます。AI時代になれば、これらの仕事はコンピュータ、ロボットが行う仕事となるはずです。人間が行うことは益々なくなっていくでしょう。

皆さんは、「つつがない生き方」の代表選手というと、公務員などをイメージされるかもしれません。しかし、これらの仕事も、今までのようにはいかなくなるでしょう。

国も財政赤字で苦しい時代。公務員の仕事の仕方にも、社会から厳しい目が向けられています。これらの仕事も、親方日の丸みたいな仕事しかできない人は排除され、真のプロフェッショナルしか生き残れないような時代が近付いているのです。

これからは「つつがなく、平凡な仕事をして生きる」ことが許されない時代に、ドンドン移行してきています。

マニュアル通りの仕事や上司から言われた通りに仕事をしていくだけでは、「平凡に生きていく」ことさえできない時代。マニュアルに書いていない仕事を創造し、マニュアル以上の仕事ができなければ、会社から放り出される。そんな厳しい時代の到来です。

「平凡に生きていくだけで充分だ。出世なんかできなくてもいいさ」などと、つまらなさに耐えながら仕事をしていくだけで、生きていけるほど、甘い時代ではなくなったのです。

ポイント

イヤな仕事を我慢するだけでは、平凡に生きることすら難しい。我慢してもムダならば、思い切ってやりたいことをやろう！

SECTION
34

理不尽さにある真実を見逃すな

上司から無理難題を押しつけられたり、会社から理不尽とも思える命令をされて、「仕事がつまらなく」感じている人も多いと思います。

私もコンサルティング会社に入社したとき、上司から「お茶もってこい」「タバコ買ってこい」なんて言われながら、内心「おまえの奴隷じゃないんだよ」なんて思っていました（後々になってその真意がわかり、よい経験だったこともわかったのですが）。

『赤めだか』という立川談春さんが書かれたベストセラーがあります。落語家の立川談志さんのお弟子さんになられた修業時代が書かれた本です。

落語家の世界は、実力の世界。「二つ目」（一人前の芸として師匠から認められた状況）になるまでは、人間扱いされないようです。

談志さんは、入門前に「修行とは矛盾に耐えることだ」ということを了承させてから弟子にするそうです。

談志さんの「矛盾に耐えろ」という言葉は、「プロが大事だと思っていることでも、素人は勝手に『大したことではない』と判断してしまう。師匠の教えを、素人である弟子が勝手に取捨選択していては、芸は身に付かない。だから、『師匠はおかしなことを言っているな』と思っても、絶対にそれは正しいことだと思って素直に聞け。それが、上達の一番の近道である」という意味です。

一般の仕事の場合、談志さんのように、採用説明会の際に、「矛盾に耐えろ！」などと言う人は誰もいません。そんな事を言えば、今ではパワハラになるかもしれないからです。しかし、一般の仕事でも、「修行期間」という言葉こそありませんが、「実質的修行期間」というのはあるものです。

一人前としての仕事が、ほんの1年やそこらで身に付くのは、天才的な才能がある人だけです。ほとんどの人が、一人前になる前の「実質的修行期間」を体験します。複雑で難しい仕事、多くの人が羨ましく思うような煌びやかな仕事ほど、一人前になるのは難しく、修行期間が長いものです。

一人前というのは、

- お客様に満足頂ける品質の仕事が、どんなときでも、一人でできる
- お客様からクレームがあっても、自分の力で収めることができる
- 黒字社員になる

このような状況になったときが一人前になったとき。「実質的修行期間」の終了でしょう。それまでは、修行期間中なのです。

あなたは、修業期間中の社員ですか？　一人前の社員ですか？

あなたが修業期間中の社員だとしたら、上司や会社側は、本音では、「おまえは修行中なのだから、言われた通りのことを素直にやればいいんだ！　言いたいことや、やりたいことがあれば、一人前になってから言え！」という気持ちで、あなたのことを見ています。

これは、落語家やスポーツの世界だけでなく、一般のビジネスの世界も同じ。声に出していないだけです。

実は、「修行とは矛盾に耐えることだ」という考え方は、落語の世界だけではなく、一般のビジネスの世界でも、無意識に存在する「常識」なのです。

これは、よい「常識」とはいえないかもしれません。しかし、「常識」を変えることは難しい。この「常識」を前提として、仕事をしていくしかないのです。

昔、踊る大捜査線というドラマで、若い刑事にベテラン刑事が次のようなセリフがありました。「正しいことをやりたければ、偉くなれ」

どの世界も上司からの理不尽な要求や、会社からの無理な指示などを断るには、まず、あなたが1日でも早く一人前になること以外にないのです。

「修行とは矛盾に耐えることだ」という「常識」を変えるのは、あなたが一人前になってから、偉くなってからです。1日も早く、この「常識」を変革していただくことを期待します。

ポイント

一人前への近道は、「おかしなこと」までマネるほどの素直さにあり！
やりたいことをやりたけりゃ、さっさと修行期間を終えて一人前になれ！

SECTION
35

仕組みを作る側の人間になれ

どんな会社でも、「仕組みを作る人」、「仕組みを監視していく人」、「仕組みの中でやらされている人」がいます。やりがいの大きさで言えば、

仕組みを作る人＞仕組みを監視していく人＞仕組みの中でやらされている人

「仕組みの中でやらされている人」は、いちいち細かなことまでを上司から指示されます。「君、やらないといけないことは全部できた？」と、イヤでもやらされる仕組みです。サボらないようにチェックしていく仕組み。大企業、収益性が高い企業などになればなるほど、これら管理の仕組みは徹底されています。

では、今あなたが「仕組みの中でやらされている人」扱いだとすれば、仕事は楽しくすることができないのでしょうか？

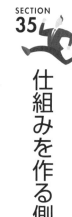

そんなことはありません。それは、「仕組み変更の提案」を行うことです。どんな小さなことでもかまいません。たとえば、今まで掃除の仕方が右回りで行われていたとすれば、それを左回りで行おうというような小さな提案でもいいのです。

あなたが、現場で「おかしい、非効率的だ、もっといい方法があるんじゃないか」と思えることを、仕事の中で探していきましょう。そうするだけで、少し仕事が楽しくなってきます。そして、あなたの提案で、実際に少しでも仕組みが変わったとすると、あなたは「仕組みを作る人」の仲間入りとなるのです。

会社の中では、待っていても、「仕組みを作る側」に入れてくれません。待っているだけでは、永久に「仕組みの中でやらされている人」で終わってしまうのです。自ら「仕組みを作る側」に入る努力をしていきましょう。

そのためには「提案、提案、提案！」です。間違った提案、ピンぼけの提案。そんな提案でも失敗を恐れず、提案し続けることが、「仕組みの中でやらされている人」から脱出する唯一の方法なのです。

下手な鉄砲でも数撃ちゃ当たるもんです。「こんなバカな提案しやがってと思われたらどうしよう……」という不安さえ克服すれば、あなたでも、きっとできるハズ！

早く、仕組みを作る人の仲間入りをしましょう。

ポイント

バカなアイデアと思われてもいい。とにかく提案、提案、提案！
仕事を楽しくするために「仕組みを作る人」になろう！

SECTION 36

「縁」は「円」に勝る

　仕事をやっていると、給料より価値ある資産にめぐり会います。それは、仕事を通してめぐり会う、さまざまな「人」です。

- 自分の仕事スタイルの手本となるような人
- チャンスを与えてくれる人
- 凄く楽しそうに仕事をやっているなどの、仕事に対する姿勢が素晴らしい人
- 思いも寄らなかったような才能に気付かせてくれる人
- 自分が犠牲になっても、苦しいときに助けてくれる人

　多少、仕事がつまらないと思っても、「素晴らしい人」とのたくさんの出会いがあるのなら、その会社は、あなたにとって素晴らしい会社なのかもしれません。

仕事の成功を大きく左右するのは、あなたの才能より、運の方が大きいものです。運を別の言葉で言えば「人との出会い」です。「どんな人」に出会えたかが、あなたの仕事の成功を大きく左右するのです。

有名な成功者を見てもそうです。イチローは1年目、個性的なバッティングを認めない監督のもとでプレーをしていました。バッティングフォームを変えなければ一軍では使えないと言われ、少し腐った時期もあった。しかし、2年目、その監督が交代になり、仰木監督と出会うことになる。仰木監督は、イチローの才能を見抜き、活躍の場を与え、伸び伸びとプレーをさせた。監督の期待に応え、イチローも結果を出すことになります。仰木監督との出会いがなければ、イチローも今のようなスーパースターになれなかったでしょう。

本人の才能と同じくらい、それ以上に、「どんな人と出会うのか?」は、あなたの仕事での成功に違いをもたらすのです。もちろん、「素晴らしい出会い」をチャンスにするのも、単なる出会いで終わらせるのも、あなた次第のところはあります。

いつも暗く、屁理屈ばかりを言っていて、何に対しても動こうとしないような人には、幸運の女神は振り向いてくれません。素直さや、積極性、笑顔、人間としての可愛らしさなどがあなたに存在しなければ、幸運の女神があなたに注目することはないでしょう。

もう一度、自分の周りを見渡してください。お客様、上司、同僚、他部門の仲間、取引先の方々。あなたの周りに「素晴らしい人」との出会いは存在しませんか？　そんな人がいるのであれば、素直に、自分から進んで、学ぼうという姿勢で接していきましょう。彼らに、「あなたができること」を与えていきましょう。

利益を得たければ、まず、あなたが他人に利益を与えることからスタートです。利益を与えるといっても、お金を与えるという意味ではありません。たとえば、上司や先輩が外から戻ったときにお茶を出す、どんな時も最高の笑顔で接する等の簡単なことでいいんです。誰かのために、「あなたができること」をやっていくということです。

与えられるのを待つより、まず自分から与えることが、「素晴らしい出会い」をチャンスに変えることができる人の行動パターンです。
彼らとの深い付き合いが、仕事を「つまらないもの」から「楽しいもの」に変えてくれるキッカケになるのです。

ポイント

「縁」が、仕事を楽しいものに変えてくれる。
「縁」は、待っていても広がらない。
「縁」は、あなたが与えることから始まる。

第5章

会社を辞める前にこれだけは知っておこう

SECTION
37

チャンスカードは3回まで

「転職」することには、ネガティブなイメージがあります。

しかし、「仕事がつまらない」と感じながらイヤイヤ働いている人や、「永久に会社から食わせてもらおう」なんて考えている人に比べたら、「自分の人生は自分のものだ。会社のものではない。自分を成長させ、楽しんで仕事ができる道は、転職してでも自分で切り開くんだ！」と、チャレンジする人の方が、何倍も、イキイキと逞しく働くことができるのではないでしょうか？

転職にはプラス面もたくさんあります。サラリーマンは、どんな上司の下で働くか、どんな会社で働くかによって、ある程度運命が決まってきます。どうしてもイヤな上司、企業の下で働いていても、努力は報われません。転職は、努力が報われる環境作りの最終手段です。

転職はゼロからのスタートを要求されるので、苦労も多いのですが、だからこそ、自分を大きく進歩させてくれます。会社に残っていれば必要のないような勉強も要求されますし、それに伴い、新しい能力、新しい仕事を早くマスターする方法も身に付けやすい。

今の時代、同じ会社にいても、日々、変化、変革を要求されます。企業は、昨日と同じことをやっていてはビジネスの世界は勝ち残れません。企業が常に変わっていくために、そこで働く人たちにも常に「変化」を要求してくるのです。

そのような時代で、最も生き残れないのは「変化するのを恐れ、拒む人」です。今の仕事のやり方、環境にしがみつこうとする人です。そのような人と違い、転職を経験した人は、「転職」という抜本的な変化に対応することを経験済み。それが故に、柔軟性があり、「変化することへの恐れ」が小さく、頼りになる存在になるのです。

しかし、だからといって、簡単に次から次に転職していくのは危険です。

「転職」という決断は、最初はとても勇気のいる決断なのですが、転職回数を繰り返すたびに気楽なものになっていくという特色があります。

転職回数を繰り返すたびに、簡単に現状の仕事を見切りを付けるようになる。困難に立ち向かわず、すぐに逃げてしまう「転職グセ」「逃げ癖」がついてしまうのです。

「逃げるための転職」は、今の仕事を「やりがいのあるもの」にしていこうという努力をせずに、すぐに新しい仕事にそれを求めようとするのです。隣の芝生が青く見えてしまうため、自分の芝を手入れする努力をやめて、すぐ隣の芝生に足を向けてしまうのです。


企業から、人材採用の相談がよくあるのですが、まず最初に言うのは、「転職グセがついた人材は採用したらダメですよ」というアドバイス。多くの人事担当者は、功績を認められてキャリアアップを次から次にしているエリート人材は別にして、一般の人材の「転職グセ」がついているかどうかを見抜くのに、3回の転職経験をひとつの目安としています。

いくら人材が流動化している世の中だとはいえ、4回も逃げの転職経験を繰

り返すような人であれば、

・就職する際に、何も考えず、何も調査しないようないい加減な人材
・仕事を「やりがいのあるもの」にしていこうという努力をしてこない人材
・成長するまでの努力や我慢が全くできない人材

と、採用部門は判断しているのです。

ヘッドハンターから声がかかるような「自分を高く売るための転職」ができるレベルまでに、今の仕事でまず自分のバリューを高める。そして、転職を考える。転職は、努力が報われる環境作りのひとつですが、だからといって「逃げるための転職」は、そう何度も使うことはできないのです。

転職で成功する人は、悩み抜いて転職を決意した人です。自分が転職しようと思っているのは、「逃げるための転職」か「自分を高く売るための転職」か？「逃げるための転職」だとしたら、3回しかないチャンスを、今ここで使って

いいのだろうか？

この本を読んで、しっかり悩み抜きましょう。悩み抜いた後のあなたが出した決断は、正解に違いないのです！

ポイント

転職で環境を変えるのも方法のひとつ。
ただ、「逃げる転職」には限界がある。
どうせ転職するのなら、準備を整え、自分を高く売るための転職をしよう。

SECTION 38

権力を持った「上司」という名のイジメっ子

世の中には、会社の権力を利用してパワハラをする上司が絶対にいます。それにより、自殺をしたり、ストレスで身体や精神状態がおかしくなる人もいます。しかし、そのような状況になるまで、耐える必要はないと思います。

人には、耐えることができる我慢と、できない我慢があります。自分を犠牲にしてまでも耐える必要はないのです。こういうときは、「逃げる転職」を上手に使っていきましょう。

しかし、経済的理由などで、どうしても今の会社で仕事を続ける必要があるという人もいると思います。そんな人へのアドバイスは、「とにかく早くプロフェッショナルになる」ということ。

「イジメを行う人」は自分がイジメているという現実に気付かないのです。やっている側は「愛の鞭」を振るっているくらいにしか思っていないのです。

パワハラ上司は、誰かが注意してもなかなか変わりません。そういう体質なんです。

だから、あなたが変わるしかないのです。「辞める」と、上司を脅すことができる存在になることです。それまで、負けないでください！

ビジネス界では、脅すことができる存在とは、「収益の源泉となる存在になること。辞めると、業績が下がって困る。部門が立ちゆかなくなる存在になる」ことです。

上司が「あなたに依存する状態」になることです。

そして、「収益の源泉となる存在」になったら、いきなり

「退職させてください！」

と言ってください。上司は慌てますよ。

「頼むよ。辞めないでくれよ」と泣きついてくるかもしれません。その悲嘆にくれる上司を背中で見ながら、颯爽と辞めていく！　リベンジ完了です！

今、イジメられている人で、どうしても我慢しなければならない状況の人は、この状態を目標に頑張ってください。

ポイント

パワハラ上司、パワハラ会社は治らない。「逃げの転職」も積極的に利用しよう！

SECTION 39

準備不足だと「我慢」以外に道はない

　私は以前勤めていた会社の上司のパワハラに耐えることができず、退職を決意しました。決断をする前には、「今後、どうしようかな?」と、もちろん迷いました。ちょうど、結婚したばかり。妻を食わせていかないといけない責任ができて、まだ1年も経っていない状況でした。そして、いざ「辞めよう」と決意はしても、「今後の生活はどうなるのか?」と考えたら、また「我慢するしかないか?」と振り出しに戻っているという、思考のループ状態に陥っていました。

　その思考状態から解放されたキッカケは、自分を見つめ直したことでした。「これからの自分の選択肢は、どのようなものがあるのだろう？　そのための準備はどれくらい済んでいるのだろう?」と客観的に自己分析したことでした。

　冷静に考えてみると、それまでの仕事の結果として、私はたくさんの選択肢を作ることができていたことに気付きました。

最初から、意図したワケではありませんでしたが、就職してから約7年くらいの間、コンサルティングから営業まで、あらゆる仕事を経験し、それなりに実績も残してきました。

結果論ですが、どんな仕事にも転職できるだけの技量も磨けていると思えたし、独立してメシを食べるだけの技量と人脈も磨けていました（このことには、前の会社にホントに感謝しています）。次の人生を自己選択できるだけの準備が整っていたことに気付きました。結果、「独立して自分でビジネスをやっても、何とかなりそうだ」と思えたので、「独立」を決断できたのです。

あのとき、「次の人生へ自己選択ができるだけの準備が整っていない。今よりひどくなる選択肢しかない」という判断だったら、私も、「我慢する」ことを選択したかもしれません。

「どんな業種、職種に就くか？」、「どんな会社に入るか？」ということは、人生の戦略です。「これが正しい！」という戦略はハッキリとはないかもしれませんが、誤った戦略はハッキリしています。

誤った戦略とは、「倒産しかかっているような会社を選ぶ」とか「夢や目標を放棄したような社長が経営する会社」、「人を奴隷のようにしか思っていない社長が経営する会社」を選ぶとか。

この誤った戦略で進むと、「仕事を楽しむ」ということは、かなり難しくなってしまいます。天才レベルの「楽しさ創造力」が要求されるワケですから……（ヒドイ仕事であればあるほど、それを楽しくしようとすれば、高度な「楽しさ創造力」が必要になります）。


「誤った戦略を今、進んでいるかもしれない」と感じたとき、軌道修正が必要になってきます。戦略転換というやつですね。しかし、実際は、誰もが自分の好きなように戦略転換ができるワケではありません。

こんな会社に入りたいという戦略は描けたとしても、思ったようになるとは限りません。自分の過去の人生、仕事において積み重ねてきた実績、能力によって、選べる戦略の選択肢は決定されてくるのです。

どんなに給料が高く、待遇のいい○○という会社に入りたいと思っても、そこに入るには、今までの仕事で培ってきた実績、経験、能力が問われてきます。「どれだけの準備を整えてきたか？」ということです。募集要項に書いてあるような資格を最低でも持っていなければ、受験もさせてくれません。望むような戦略を、自由に自己選択したければ、「それに見合うだけの準備」が必要になるのです。

会社からの指示で動いているだけで、「次の人生に向けての準備」ができればいいと思うのですが、現実はそうでないケースが多いでしょう。だからこそ、「次の人生に向けた準備」を、プライベートの時間も使いながら、しっかりと自分の意志で計画的に整えていくことが大事になってくるのです。

次の人生（仕事）への段取りが済んでいなければ、今の「仕事がつまらない」という状態に甘んじるしかないという選択しか、怖くてできないという話になってしまうのではないでしょうか？

今、退職する前の自分を改めて振り返ると、あのまま会社を辞めずに続けていたら、イヤな上司のもとで、我慢ばかりすることになり、不幸な人生だっただろうと思います。人生の3分の2の時間を堪え忍ぶなんて、苦痛でたまりません。ホントにゾッとします。

それに、我慢しながらやっている仕事だったら、しょせん、大した成果も残せなかったでしょう。イヤイヤやってうまくいくほど、仕事は甘くはありませんから。

どう努力しても、楽しくすることができない仕事なら、やっぱり新たな道の選択が必要だと思います。そのためには、自分が次の人生の選択肢を自由に選べるだけの、準備をしておくということ。しっかり爪を研いでおくことが必要になってくるのです。

ポイント

望むような人生を選択したければ、それに向けて準備が必要。我慢ばかりして、うまくいくほど仕事は甘くない。イヤイヤ仕事を続けるくらいなら、自分を高く売る転職をしよう！そのために、しっかり今の仕事で準備しよう。爪を磨こう！

SECTION 40

何でもできる優秀な人の悲劇

大学を卒業したB君は安定を志向し、ある中堅都市の県庁に就職することができました。仲間は、こんな就職難の時代に県庁に入れたB君を、「よかったね。ホントに」と羨ましそうに見ていました。

そんなB君は3年くらいして、県庁を辞めると言い出しました。

「県庁の仕事は、給料も安定しているし、一生食いっぱぐれはない。だけど、やりがいが感じられないんだ」とB君。

仲間は、「もったいない。県庁なんてなかなか入れないんだから。このまま頑張れば、県庁のエリートコースじゃないか！」と忠告しました。

しかし彼はそんな言葉になど耳を貸さず、「会計士の資格を取得するために、大学院に行こうと思う！」と仲間に告げました。

3年後、彼は会計士の試験に合格。やっぱり彼は優秀でした。仲間は、「ホント、おまえ凄いな！　なりたいものがあれば、何にでもなれるんだから」と羨望の眼差しで彼のことを見ていました。彼は、公認会計士の事務所に入り、会計士の仕事をスタートさせたのです。

それから4年後、彼はまた、仲間に相談しました。「会計士の仕事は、しょせん数字だけ。数字は、結果論でしかない。本当にやりがいのある仕事は、結果を出すためのプロセスについてのアドバイスだと思うんだ。だから、経営コンサルティングの仕事をしようと思う。幸い、スカウトから声をかけられているんだ。どう思う？」

会計士の仕事を始めて4年。ようやく仕事について詳しくなってきたところです。

「ようやくプロとしての基礎が身に付いた段階なんだから、もったいないんじゃない？　資格もとっているんだし」と仲間は忠告しました。

しかし、やはり彼はそんな言葉には耳を貸さず、結局は経営コンサルティング会社に転職することになりました。

それから1年後。「経営コンサルティングの仕事は、ちょっとハードすぎる。やっぱり会計士の仕事に戻るよ。だけど、もとの公認会計事務所には戻りにくいので、公認会計事務所として独立するよ」と仲間に告げました。

そして、さらに3年後。「独立して公認会計事務所をするのは、結構大変なんだ。クライアントがナカナカ増えなくてね、やっぱり無理みたい。今、県庁の支援センターで、専門家の契約職員を募集しているんで、その仕事をやろうと思っているんだ」と友人に告げました。

そして今、彼は県の契約職員として働いています。

彼は、いつも「なりたいもの」になることができました。とても頭がよく、器用で、優秀です。しかし、器用すぎたために、県庁の職員からスタートした彼の15年の仕事歴は、右往左往しただけで終わってしまいました。また、振り出しの県庁職員に戻ってしまったのです。

Ｂ君は、自分の転職を「自分を高く売るための転職」と思って転職しているハズです。しかし、現実には振り出しに戻っただけ。本当は、イヤな現実から逃げ出すためだけの転職になっていたと思うのです。

人間は、どうしても自分の決断を都合よく、正当化しがちです。転職をする前に、仲のよい友人に、この転職は「自分を高く売るための転職」だろうか？と、聞いてみるのがいいと思います。

Ｂ君のように「気が付いたら振り出し戻っていた」と後悔しないために……。

ポイント

決断しようとしている転職は、逃げる転職になっていないか？
本当に、自分を高く売る転職かどうか？
客観的に話を聞いてくれる友人にアドバイスを求めよう。

SECTION 41

人とバナナの意外な共通点

「仕事がつまらない」と感じていても、「まだ若いんだから」と思って現状に安住していては、バナナと同じように、アッという間に旬を逃してしまうことになります。

通常、スーパーで定価で売っているバナナは、ちょっとまだ緑が残っているバナナが多いですよね。買った後すぐに食べたら、まだ熟しておらず、ちょっと歯ごたえがあり、美味しさはイマイチ。そんな、数日経ったら食べ頃のバナナが最も高く売れるバナナです。

しかし、売り場で数日間売れ残ってしまうと、バナナに斑点が出てきます。熟して、甘みは強くなっているのですが、「見かけ」が悪くなっているので、定価で売ることはできなくなってしまいます。半額で、やっと買う人が出てくる状況です。旬を数日逃すだけで、バナナは半額でしか売れなくなってしまうのです。アッという間に価値が半分に下がってしまいます。

ビジネスの世界においても、これは同じです。

20代、30代中盤までは、多くの仕事があります。特に25歳くらいまでは、通常よりも価値が高めの評価を得ることができます。バナナでいえば、緑バナナです。

しかし、35歳を越えたころから、募集が急激になくなります。価値の暴落です。バーゲンセール対象の完熟バナナと同じです。そして、40代になると、就職雑誌を見回しても、ほとんどの企業が募集条件には「40歳以下」と書いてある現実に突き当たります。最終見切り品の熟しすぎたバナナと同じです。

もちろん、力を付けてヘッドハンティングの会社から声がかかるほど、「力のある、結果の出せるビジネスマン」になっておけば、年齢などは関係ありません。

しかし、一般的には、
・25歳までの新卒、第2新卒が、実力以上に評価され（実力より高い価格）
↓ 実力以上の会社に、実力以上の条件（給料、休日等々）で就職可能

・25歳から35歳までが、実力通りの評価され（実力通りの適正価格）
↓実力にあった会社なら、実力にあった条件で就職可能
・35歳から40歳までが、実力以下の評価がされ（実力より、1割、2割引きの価格）
↓実力以下の会社に、実力以下の条件なら就職可能
・40歳以上になると、評価対象外になっていく（見切り特価の価格）
↓実力以下の会社でも就職するのが難しい

これが日本社会の現実です。こう考えると、35歳までの1年間と、40歳からの1年間では、重みが違ってくることがわかるでしょう。35歳までの1年間を大事にしていく必要があるのです。特に、25歳までは、実を粉にして働くことです。

新卒採用に関して「七五三問題」という言葉があることをご存知でしょうか。

これは、中卒であれば7割、高卒であれば5割、大卒であれば3割が、3年以内に離職するという問題を表した言葉です。これは、最近の若者のひ弱さを表すデータだといわれています。

しかし、人生の旬を考えれば、3年間で「会社に見切りをつける」という考え方は、素晴らしいアイデアだと思うのです。その代わり、3年間に関しては、全力で目の前の仕事をこなしていくことで、「仕事をやりがいのあるもの」に変える努力をしてみる。どんなに努力をしてもダメであれば、「違う仕事」への転職を考える。

もちろん、中途半端に仕事をしただけでは、3年程度では、「その仕事のやりがいや素晴らしさ」に気付くことは難しいでしょう。しかし、死にものぐるいで3年間働いても、「その仕事のやりがいや素晴らしさ」が感じることができず、「この仕事つまらないなぁ」としか感じられない仕事、会社であれば、さっさと転職すべきだと思います。旬の期間は、短いのです。

自分の能力を高く売ろうとすれば、旬を逃したらダメ。少なくとも、35歳までに、「この道で生きていくという方向性」を決める。サラリーマンなら、一生を埋める会社を決める。

時間はタップリありそうに思えるのですが、「旬」という現実を考えれば、意外に残された時間は少ないのです。そのためにも、「今の仕事を全力で行う」ことで、仕事の見極めをすることが大事になってくるのです。

ポイント

「旬」の期間は短いもの。
若い、今を大事にしよう。ボンヤリしていると熟れすぎてしまう。

SECTION 42

誰だって会社を辞めれば「ただの人」

先日、ある大手ＩＴ企業の社員さんから「ＩＴコンサルタント」として独立しようと思うのですが、どう思いますか？」との相談がありました。

彼とは長い付き合いでしたので、「あなたの実力は凄いと思うけど、独立して仕事ができるかどうかは別問題。できれば、今の仕事を続けた方がいいよ」と私は率直にアドバイスをしました。

彼は、「私は実力もあると思うんですよ。実際に、たくさんの大きな仕事もしてきたし。なぜ、今の仕事を続けた方がいいと思うんですか？　小林さんならきっと賛成してくれると思ったのに……」と憤慨していました。

私は、彼のことが大好きでしたので、理由について話してあげることにしました。

「自分は実力がある。お客様から評価されている」なんて思っていても、実際、独立してみると、現実を知ることになります。
お客様が取引をしてくれたのは、

- 「看板」があったから
- 「看板」が生み出す安心感があったから
- 組織の力、同じ職場の仲間の手助け、協力があったから

大企業の『看板＝ネームバリュー』と『組織力（仲間の力）』は、ホントに大きい。それは、会社の中にいるときは感じないかもしれませんが、外に出てみるとすぐにわかります。その看板がなくなり、どこの馬の骨ともわからないブランドになっても、周りの人は、あなたのことを認めてくれるのか？　組織力による支えがゼロになり、一人きりで仕事をした際に、今と同じレベルの品質の仕事ができるだろうか？　そのことをもう一度考えて、決断した方がいいと、彼にアドバイスさせてもらいました。

サラリーマンで、独立や転職をされようとしている人は、在職中に、「ノーブランドでも価値のある人材」に自分を高めておく必要があります。

会社の名前がなくても、

- あなたの名前だけ、あなたの過去の実績だけで周りに評価されるブランド力
- ノーブランドの商品を売る力・マーケティングする力
- 自分一人でも、高品質のサービスが提供できる仕事力

これらを、在職中に、身に付けておく必要があるのです。

ちなみに私は15年前に独立をしました。その際、幸運なことに、とても簡単に独立できました。それは、なぜか？　以前、勤務していたコンサルティング会社が、無名なコンサルティング会社だったからです。

入社した当初は、名刺を出しても、「御社はどういう会社ですか？」と聞かれ、なかなか名刺を受け取ってくれない状況でした。新人で入社した際、会社の財務状況も聞かされてビックリ。とんでもない赤字でした。マイナスから黒字にしていく作業は大変でした。しかし、このことが後から考えてみると、幸運だったのです。

「看板」なし。「組織力」なし。そこからのスタートでしたので、サラリーマン時代から、自分で「看板」と「仕事力」と「実績」をつけるしかなかったからです。それを、給料をもらいながら、やらせてもらったのです。

私は、運がいいのか悪いのかはわかりませんが、好むと好まざるとにかかわらず、必然的に、「自分ブランド」「自分一人で高品質サービスを開発・提供」する力を身に着けざるを得ない状況に追い込まれました。

しかし、大企業で働かれている方や、それなりのブランド力のある会社で働かれている方は、自分の意志で、自分を追い込むことが必要となります。頼れるブランド力、仲間がいるのに、あえて頼らないということは、自ら苦難の道を選択するということです。私のように、環境から追い込まれた人間より、大変なことだと思います。

その苦難の道を歩んだことがないのに、独立やベンチャー企業への転職なんて考えるのは無謀なことだと思います。かなりのギャンブルになります。お金をもらって働かせてもらっている間に、成功する確率を上げていった方がいいと思うのです。

在職中に、「周囲の人が、会社のブランド以上に、あなたの名前を信用してくれるような実績を残す」、「会社に頼らず、会社を食わせていく」、「仲間に頼らず、逆に仲間を助けていく」ことにチャレンジし、それに成功してから、独立や転職を考えても遅くはないと思うのです。

それができれば、本当の実力が身に付いた証です。どんなチャレンジをしても、あなたは成功するでしょう。

ポイント

あなた自身も「ブランド」になれるハズ！
会社の看板に頼れるうちに、
あなたの名刺になる、看板になる仕事にチャレンジしよう！

SECTION
43

すべての人を満足させる会社など存在しない

「今勤めている会社は、よい会社じゃない！　こんな会社で働いても、先行きが知れている！」そう思われている人もいると思います。確かに、サラリーマンの場合、どんな会社で働くかということで一生が大きく違ってきます。

では、よい会社とは、どんな会社なのでしょうか？

よく、学生が選ぶ人気企業ランキングベスト１００なんて特集がありますが、あれで取り上げられている企業がよい会社なのでしょうか？

いえ違います。そんなので選ぶから、会社選びに失敗するのです。

確かにその会社に就職すれば見栄えがよく、他人に自慢ができると思います。だけど、それだけにしかすぎません。「よい会社」とは、あなたの基準にとってよい会社であり、世間がいくらよいといっても、あなたの基準に合っていなければ、よい会社とはいえないのです。

では、一般的に言われている「よい会社の条件」を考えてみましょう。

・収益力があり、財務体質がしっかりしている会社
・ドンドン成長している会社
・高い給料が望める会社
・誰でも知っているブランド力のある会社
・成長性の高い業界にいる会社
・自分の能力がドンドン高まる会社
・やりがいのある仕事ができる会社
・安定感のある会社、景気に大きく左右されない会社
・残業が少ない会社
・福利厚生がしっかりしている会社
・独立を支援してくれる会社
・自分の夢が持てる、実現できる会社
……等々。

よい会社といっても、実はいろいろです。

もちろん、すべての条件を満たす会社が一番でしょうが、すべての条件を満足できる企業は存在しません。日本で有数のトップ企業に正社員で入社したって、不満を持ち、退職する人はいるのです。収益性や安定性より、彼らは「もっと大事なもの」を求めていたのでしょう。

物事には「プラス面があれば、それによって生じるマイナス面」があります。成長力のある会社は、それだけ高い能力アップに向けての努力、新しい仕事へのチャレンジを要求されるでしょうし、常にオーバーワークや残業も要求されるでしょう。

すべてを満足してくれる会社なんて、いくら探しても、なかなか出会えるものではありません。そんな宝くじを引くようなことに夢中になるより、大事なのは、「自分にとってよい会社とは何なのか?」をしっかり考えること。

そして、「自分にとっての、よい会社基準」の、「プラス面によって生じるマイナス面」を考え、それを受け入れる覚悟をする。

その覚悟がなければ、せっかく「自分にとっての、よい会社基準」にかなう企業に入社できても、そのマイナス面がイヤになり「仕事がつまらなくなる」と思うのです。その覚悟を持って会社選びをすれば、あなたは「よい会社」を選ぶことができるでしょう。

ポイント

「自分にとっての、よい会社基準」で会社選びをしよう。そうすれば、間違いのない会社選びができるハズ。

SECTION 44

「職業選択の自由」なんて嘘っぱち

会社と社員の関係は、「選び、選ばれる関係」です。

学校と受験生の関係と同じです。どんなに「あの学校に進学したい」と思っても、合格する学力がなければ、志望校に通うことはできません。東大に合格する学力のある人間は、どの学校に行くかを自由に選択できます。一方、偏差値40くらいの学力しかなければ、選択肢は限られてきます。

転職時も同じです。今いる職場で、どれだけ能力を高めているかで、あなたの持てる選択肢の数が自ずと決まってくるのです。平凡なアマチュアレベルの能力しかない状況では、好況期でも、数少ない選択肢しか選べません。逆に、それまでに胸を張れるだけのプロフェッショナルとしての能力を身に付けておけば、沢山の中から、自分のやりたい仕事、条件のよい会社を選ぶことができるでしょう。

たとえば、

- プロフェッショナルとして高い評価を得るだけの実力をつけておく
- 難しい目標にチャレンジしてみる
- 新しいプロジェクトに名乗りを上げる
- 資格をとっておく
- 専門知識についての勉強する時間を増やしておく
- 語学をマスターしておく

……等々、あなたの力量をアップしておくのです。

自由とは、たくさんの選択肢の中から、自分のやりたいことを選べることです。憲法では、「職業選択の自由」は保証されているのですが、ホントに保証されている人なんか、一部の人しかいません。嘘っぱちです。

ほとんどの人は、やりたいことがあっても我慢するしかない。

自由に好きなことを次から次にやっているような人がいますが、能力が高いから、自由に仕事が選べているだけです。普通の人はマネしたくても、相手が許してくれないのです。

自由は与えられるものではないのです。勝ち取るものなのです！

仕事がつまらないからといって、愚痴っているヒマはありません。自分が転職したい会社に出会ったら、そこから求められるような実績を上げ、能力を磨いておきましょう。

しっかりとした準備が、真の自由をあなたにもたらすのです。

ポイント

「職業選択の自由」は勝ち取るもの！
自由を勝ち取るために、「力」を磨こう！

おわりに

「仕事がつまらない」と感じているあなたは、

- やり甲斐や誇りを感じる事ができない仕事をやらされている
- 嫌な上司や顧客、仲間と付き合わなければいけなかったりする
- 退屈で単調な仕事ばかりをやらされている
- 自分に向いていない仕事をやらされている
- 期待された結果を出せずにいる

等々の逆境に、今、直面しているかもしれません。

逆境に陥ると、「この会社に入って○○を実現するぞ」、「人に○○と喜んでもらえるよう頑張ろう」、「大好きな○○を極めるぞ」等々の入社を決断した時に持っていた希望がどんどん小さくなっていきます。

そして、これらの希望が全く持てなくなった時、心はポキっと折れてしまいます。そうなると、この本で今まで述べてきたような前向きな努力など、頭で

はわかってはいても、全くやる気が持てなくなるかもしれません。

あなたがもしこの状態に近いと思ったら、レジリエンス（逆境でも折れない心）を高めていく必要があります。そこで弊社が提供しているレジリエンス向上プログラムＰＲＭ（詳細はコチラ http://bit.ly/36aTvlj）の中から、誰でもすぐにできるテクニックを一つ本書の最後にご紹介したいと思います。

それは、「どんな時も、明るくいい気分でい続ける決意を行う。決意を思い出す」習慣をつけること。

例えば、あなたが上司から理不尽な事で叱られ、仕事がつまらなくなってしまった状況を想像してみてください。

そんな時、当然あなたは上司に対し怒りや恐怖を感じるはず。その後、その感情を引きずり暗く憂鬱な気分に陥る。こんな出来事が5回、10回と繰り返されると、上司の良いところなどは見えなくなり、「あの上司はホントに嫌な奴だ」と上司の理不尽な所、嫌な所ばかりにしか目がいかなくなる。怒りや恐怖の感情が沸き起こる事が増え、気分は更に暗く憂鬱になる。それが更に繰り返されると、ある瞬間「こんな上司のもとでは働くのはもうゴメンだ！」と上司への希望が全く失われ、働くことに対して心が折れてしまう。

つまり、心が折れるメカニズムを図にすると以下のようになります。

人間は、仕事がつまらなくなるような逆境（先の例で言えば、上司の理不尽さ）に直面すると、怒りや悲しみ、苦痛、恥ずかしさ、絶望感、恐怖等々のネガティブ感情は誰しも発生します。感情は自然に沸き起こるもの。これは自分では止められない。

しかし、気分は違います。「ネガ

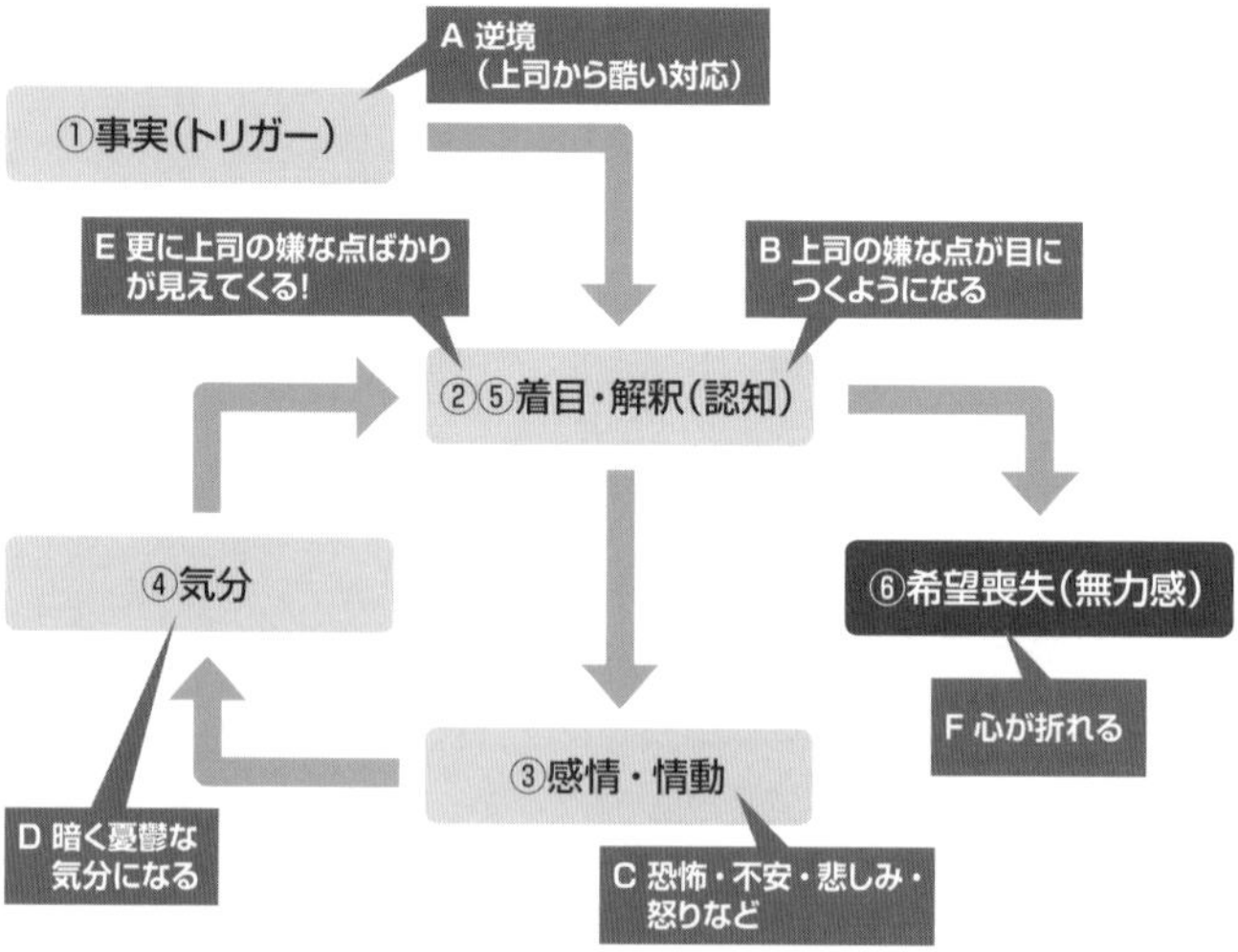

ティブ感情を引きずり暗く憂鬱な気分のまま、何日も何カ月も過ごすのか？」、「ネガティブ感情を引きずることを拒否し、気分転換に向け努力し、すぐに明るくいい気分で過ごすか？」は、自分の意思で選択することができます。

気分は、自らの意思で変えることができるのです（気分転換の方法はいくらでもあります）。

そのため、レジリエンスを高める為の第1は、「どんな時も、誰と一緒でも、何を行う時でも、明るくいい気分で仕事をするぞ！」と決意し、その決意を「仕事がつまらない」と感じる度に思い出す習慣をつけること。

どんな時も、誰と一緒でも、何を行う時でも明るく良い気分でいる決意とは、

- どんな時も ………どんな不遇な状態、不幸だなと感じる状態に直面しても
- 誰と一緒でも ……酷い上司、嫌な仲間、理不尽な顧客と仕事をしなければいけない時も
- 何を行う時でも …退屈な仕事、やり甲斐のない仕事、苦手な仕事をやらなければいけない時でも

「絶対に気分だけは明るくいよう！」という決意です。

「誰にも、気分だけは壊させない！」という信念です。

そう決意し、決意を思い出すことが、逆境に直面し「こんな苦しい時、明るく良い気分でいられる訳がないだろう」と呟いてくる自分に負けず、「こんな時だからこそ、暗い気分のままではダメだ。気分転換しよう！」と。転換に向けた行動を始めるトリガー（きっかけ）になるからです。


仕事がつまらないと感じるような逆境を乗り越えるには、以下が必要になってきます。

・元気さ
・今まで以上の行動量
・冷静な論理的な思考・判断力
・ユニークな沢山のアイデアを出すための、柔軟で広い視野
・有益な情報
・逆境を乗り越える事を手助けしてくれる仲間、縁（チャンス）

ネガティブな気分のままでいるより、明るく良い気分でいれば、これらを手に入れる可能性は絶対に高くなってきます。

ぜひ、「仕事がつまらない」と感じたら、「気分だけは明るくいい気分でいよう！」という決意を思い出してください。そうすればこのピンチ。きっと本書が活き、最大のチャンスに変わるはずです。

２０１９年12月　小林英二

■著者紹介

小林《こばやし》　英二《えいじ》　ベンチャーマネジメント代表。株式会社コラボ・ジャパン監査役。経済産業省推奨資格 ITコーディネータを取得。1987年西南学院大学卒業後、経営コンサルティング会社に入社。1994年中小企業に特化した経営コンサルティングを行うためにベンチャーマネジメントを設立し、現在に至る。研修・指導を行ってきた中小企業は300社を超える。著書に『[改訂版] モチベーションが上がるワクワク仕事術』『ワクワク仕事チームを生み出す上司力』『人の心を動かすリーダーの超チューニング力』(共にC&R研究所)がある。

●ブログ　モチベーションは楽しさ創造から
http://d.hatena.ne.jp/favre21/

●ホームページ
http://www.venturmanagement.com/

編集担当：西方洋一 ／ カバーデザイン：秋田勘助(オフィス・エドモント)
写真：©takkuu - stock.foto

[改訂版] 仕事がつまらない君へ

2020年2月1日　　初版発行

著　者　小林英二
発行者　池田武人
発行所　株式会社　シーアンドアール研究所
新潟県新潟市北区西名目所4083-6(〒950-3122)
電話　025-259-4293　FAX　025-258-2801
印刷所　株式会社　ルナテック

ISBN978-4-86354-298-3 C0034